DU DROIT ET DU DEVOIR.

DU DROIT

ET

DU DEVOIR

PAR

CHARLES MONNARD

PROFESSEUR ORDINAIRE A L'UNIVERSITÉ DE BONN.

OUVRAGE COURONNÉ
par la Société genevoise d'utilité publique.

> Le premier et le plus noble droit de l'homme,
> c'est le droit de remplir son devoir.

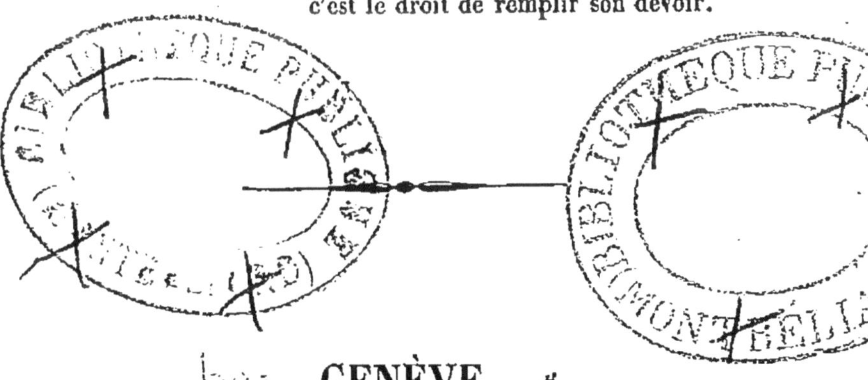

GENÈVE

JOËL CHERBULIEZ, LIBRAIRE, RUE DE LA CITÉ.

PARIS

MÊME MAISON, RUE DE LA MONNAIE, 10.

1854

L'auteur et l'éditeur se réservent le droit de traduction.

La question à laquelle le présent mémoire sert de réponse a été posée par la
Société genevoise d'utilité publique dans
les termes suivants :

« *Le droit et le devoir étant considérés*
» *moralement comme base de la conduite,*
» *quel doit être, pour le bien des individus*
» *et le bonheur des peuples, le rôle assigné*
» *à l'un et à l'autre de ces deux mobiles?* »

tème après système, et dont chacun pense ou ruiner ou rectifier et compléter les doctrines de ses prédécesseurs, n'ont pas tout dit sur ce sujet, et n'ont rien dit sur certaines conséquences psychologiques et morales des deux idées capitales qu'ils ont comparées. La question proposée est destinée à remplir cette grave lacune. Heureux qui pourra la résoudre!

Essayons du moins d'y répondre.

L'idée du droit, née de la sociabilité, représente à l'esprit les limites dans lesquelles je puis exiger que les autres renferment l'usage de leur liberté, afin de ne pas me léser dans ma personne ou dans quelque chose qui fait partie de mon existence. A leur tour ils exigent que ma liberté reconnaisse les mêmes bornes.

Le *droit*, c'est donc la liberté de chacun limitée par la liberté de tous; c'est l'égalité dans la liberté.

Ce que je puis exiger de mes associés, ils me le doivent, tout comme je leur dois ce qu'ils peuvent exiger de moi. Au droit de chacun correspond chez les autres un *devoir*.

De là l'opinion qui regarde le droit comme antérieur au devoir : le devoir, dit-on, est né du droit. Mais l'idée du devoir a une plus grande extension que celle du droit.

Bien que l'homme soit essentiellement sociable et que sa nature ne parvienne à un développement complet que dans l'état de société, la sphère de ses devoirs déborde la sphère sociale. Être raisonnable, libre et moral, sous l'empire de la raison, doué de la conscience de sa liberté et de sa moralité, il s'impose à lui-même une loi conforme à sa nature; sa raison la dicte, sa volonté l'accepte [1].

Fût-il seul au monde, cette législation n'en subsisterait pas moins pour les rapports de l'homme avec lui-même [2]. Son in-

[1] KANT, *Grundlegung zur Metaphysik der Sitten.* — « Il faut renoncer à trouver la formule du devoir ailleurs que dans la raison elle-même. » JULES SIMON, *Le Devoir*, p. 585.

[2] COUSIN, *Du Vrai, du Beau et du Bien;* 15me leçon, p. 402, 403.

telligence et son sentiment moral la reconnaîtraient comme un reflet de la volonté divine. Dès que l'homme a conçu l'idée de son Créateur et de son Maître, dont sa raison est l'interprète, naît pour lui tout un ordre de devoirs qui ne rentrent pas sous la juridiction de la société, mais se rattachent à une sphère plus haute. Tandis que le droit ne s'étend pas au delà des relations d'homme à homme et d'homme avec la société, le devoir est illimité comme le domaine de l'activité de l'âme.

Loin de nous ces précautions orgueilleuses et timides d'une philosophie qui craindrait de compromettre sa dignité si elle n'expliquait pas l'homme tout entier par l'homme même, si elle n'évitait pas de produire le titre de son origine divine. Pour nous, nous professons cette autre philosophie qui ne comprend pas l'humanité sans la Divinité, ni la riche végétation de l'âme sans les rayons du soleil éternel [1].

---

[1] Le philosophe JACOBI a dit : « Le sentiment religieux est la base de l'humanité » *(das religiöse Gefühl ist die*

En poursuivant les mystères de l'être moral dans les sentiers de la science qui se croisent, nous sommes arrivés, au travers du labyrinthe, à ce sanctuaire où la Sagesse infinie resplendit aux yeux de ses adorateurs. Là nous est apparu ce Dieu qui réside au-dessus de toutes les pensées comme par delà tous les cieux, ce Dieu qui, par la combinaison de quelques éléments matériels, multiplie les merveilles de la nature, et qui, par la combinaison de quelques éléments spirituels, multiplie les merveilles de la vie morale.

Dans l'idée d'un Être suprême dont la volonté est la règle de l'homme, se trouve ce principe premier que cherche la philosophie lorsque, embarrassée d'assigner leurs rôles respectifs au droit et au devoir, elle n'ose se prononcer ni sur leur rang, ni sur la subordination de l'un à l'autre, et désire les coordonner sous un principe plus haut [1].

Grundlage der Menschheit). M. Cousin, dans l'ouvrage cité, montre Dieu comme principe de l'idée du bien, auteur de la loi morale (16me leçon).

[1] Herbart, _Analytische Beleuchtung des Naturrechts und der Moral;_ Vorrede, IV, V.

Certainement, tu es le Dieu fort qui te caches [1]
à la sagesse terrestre.

Pour autant qu'elle est accessible à une intelligence bornée, suivons dans la pensée divine la génération morale de l'humanité.

L'Auteur des choses, en appelant l'homme à l'existence, a voulu couronner la série des créations terrestres par la création d'une nature morale.

Né pour l'immortalité, appelé à la perfection, placé dans la société, école d'exercice moral et d'éducation humaine, travaillant à son perfectionnement sans contrainte extérieure, accomplissant sa tâche et tendant à sa destination par des actes de sa volonté, voilà l'homme sorti des mains de son Créateur. Le fond de son être, son essence immortelle, c'est sa nature morale; elle subsiste encore lorsque, pour l'existence individuelle, se rompent par l'isolement ou par la mort les liens sociaux [2].

---

[1] Esaïe XLV, 15.

[2] La subordination de l'ordre politique et juridique à l'ordre moral n'est peut-être nulle part établie avec plus de force, ni, à coup sûr, avec une plus énergique concision, que dans DAHLMANN, *Politik*, Einleitung, §§ 8-10.

Suivant la pensée du Législateur de l'univers, tous les êtres, inanimés ou animés, obéissent aux lois de leur nature. L'homme n'est point en dehors de cet ordre universel, mais seul il comprend sa loi, seul il est doué de la faculté d'agir conformément à l'idée qu'il s'en fait. La règle que sa raison reconnaît comme nécessaire, et par là comme bonne, sa volonté se décide librement à l'accepter. Nous appelons *devoir* ce que prescrit cette loi. La vie morale entière se résume donc dans le devoir [1]. Identique avec la volonté de Dieu, il est à tel point le principe générateur suprême, exclusif, qu'il peut seul être admis comme mobile humain d'une moralité absolue, et que tout autre mobile ajouté à celui-là court risque de ternir la pureté morale [2]; nous ne parlons même pas des motifs qui détruisent la sainteté d'une résolution quelconque. Aussi

---

[1] KANT, *Grundlegung zur Metaphysik der Sitten.*

[2] KANT, *Kritik der praktischen Vernunft;* III. Hauptstück. — L'éclectisme de M. *Cousin* mitige la rigueur kantienne, en faisant la part du cœur et celle de l'intérêt. *Du Vrai,* etc.; 14me leçon, p. 388, 389.

voit-on, dans le cours des affaires, les caractères qui appliquent à leurs actions la mesure du devoir, abjurer progressivement l'égoïsme, fermer l'oreille aux sollicitations de la nature sensible et du plaisir, et prendre l'habitude d'une moralité de plus en plus sévère et pure.

Le devoir n'est donc pas seulement un but vers lequel on fait avancer l'homme au nom de l'honneur, de la gloire, des avantages matériels, en un mot, par les mobiles de l'intérêt; mais il est tout ensemble le but et le mobile. C'est une philosophie abjecte, partant fausse, que celle qui fonde le courage du devoir, par exemple, sur la crainte de la honte [1].

[1] Telle est la philosophie de *Diderot*. Il a écrit dans la *Lettre à Mad. la comtesse de Forbach sur l'éducation des enfants :* « Je me suis demandé comment on inspirait la fermeté à une âme naturellement pusillanime ; et je me suis répondu : En corrigeant une peur par une peur, la peur de la mort par celle de la honte. On affaiblit l'une en portant l'autre à l'excès : plus on craint de se déshonorer, moins on craint de mourir. — Tout bien considéré, la vie étant l'objet le plus précieux, le sacrifice le plus difficile, je l'ai prise pour la mesure la plus forte de l'intérêt de l'homme, et je me suis dit : Si le fantôme exagéré de l'ignominie, si la valeur outrée de la considé-

Une philosophie plus rigoureuse par son exactitude et ses exigences, d'accord avec l'Evangile, conteste donc à juste titre toute valeur morale à des actions marquées du sceau du devoir, mais accomplies sans amour du devoir, tels que des bienfaits répandus par vanité [1]. Un peuple dressé à se conformer aux obligations extérieures, mais à qui l'on n'apprend pas à aimer ses obligations, ne sera jamais qu'un peuple d'égoïstes [2].

Quand l'âme demeurerait isolée, elle aurait à l'égard de Dieu la conscience du devoir. Mais, la philosophie l'a dit avec raison, l'idée de l'homme ne se conçoit pas sans la supposition d'autres hommes au

ration publique, ne donnent pas le courage de l'organisation, ils le remplacent par le courage du devoir, de l'honneur, de la raison. On ne fera jamais un chêne d'un roseau, mais on entête le roseau, et on le résout à se laisser briser. »

[1] « Actions materially good may flow from motives void of all virtue. » HUTCHESON, *System of moral philosophy* ; book II, ch. 5.

[2] KANT, *Grundlage zur Metaphysik der Sitten* ; §§ 14-15. — « Le devoir seul, par sa nature et son origine, diffère profondément de tout mobile passionné. » JULES SIMON, *Le Droit*, p. 18.

milieu desquels il vit [1], libres comme lui, obéissant comme lui à la raison et au devoir. Chacun d'eux, obligé avant tout de remplir son devoir, doit exiger que les autres ne l'entravent pas dans son accomplissement, comme, de son côté, il ne doit pas les entraver. Le premier et le plus noble droit de l'homme, c'est le droit de remplir son devoir.

Telle est la base du droit, la justice originelle, éternelle, fondée sur la moralité et la sociabilité, antérieurement à l'organisation politique de la société. Ce principe fondamental pénètre le droit de l'essence divine d'une justice éternelle, mais dans l'organisation sociale le droit a son origine dans la loi. Là, le devoir existe indépendamment de la législation; le droit, par la législation. L'un naît de la raison qui se consulte elle-

[1] « Der Mensch wird nur unter Menschen ein Mensch; und da er nichts anders sein kann, denn ein Mensch, und gar nicht sein würde, wenn er dies nicht wäre, — sollen überhaupt Menschen sein, so müssen mehrere sein. » FICHTE, *Grundlage des Naturrechts*; 1, 34. — « Partout la société existe, et, où elle n'est pas, l'homme n'est pas un homme. » COUSIN, *Du Vrai*, etc.; 15me leçon.

même et trouve en soi l'image et la sainte
volonté de la Raison suprême; l'autre naît
de la nécessité de défendre sa libre existence et tous les éléments dont elle se compose. L'un a pour objet la volonté elle-
même; l'autre, celles de ses manifestations
qui peuvent porter atteinte à l'existence
d'autrui. Le droit ne saurait étendre sa juridiction sur les pensées secrètes, sur les mobiles ignorés, sur ce mystère au fond duquel
la volonté se retire, et où ni tyrans ni per-
sécuteurs ne pénètrent. C'est là que le devoir, reposant sur cette volonté même, établit le siége de son autorité; c'est du fond
de ce sanctuaire, voilé à tous les yeux, qu'il
exerce son influence au dedans de l'âme et
dans ses manifestations, qu'il prête son appui aux bons qu'on opprime, et qu'il épou-
vante les oppresseurs.

On peut appliquer au devoir ce que Charles IX, s'adressant à Ronsard, lui dit de sa
lyre :

> Ta lyre, qui ravit par de si doux accords,
> T'asservit les esprits, dont je n'ai que les corps;
> Elle t'en rend le maître, et te sait introduire
> Où le plus fier tyran ne peut avoir d'empire.

Différence entre le Droit et le Devoir [1].

Le droit, armé de toutes les forces de la société, dont les lois lui donnent son autorité sociale, ne règle que les actes; soit qu'il les ordonne ou les défende, il ne peut en dé-

[1] Notre travail était terminé, même copié, lorsque nous est parvenu un ouvrage récent, *Le Devoir*, par JULES SIMON (Paris 1854, in-8°), excellent livre, grave, élevé, attachant, œuvre d'un penseur honnête homme, philosophe par la conscience non moins que par l'intelligence, et religieux par philosophie. Il touche d'une manière générale à la matière que nous avons traitée, mais il n'aborde pas le sujet spécial de la question mise au concours. Cependant nous avons eu la joie de voir nos idées d'accord avec celles de l'auteur partout où nous nous sommes rencontrés sur le même terrain. Si, au premier coup d'œil et avant un examen plus attentif, nos vues semblent différer sur la portée et l'importance du droit, cette divergence disparaît dès qu'on s'assure que la *justice*, à laquelle M. JULES SIMON assigne le premier rôle, est le nom philosophique qu'il donne à la *loi morale* ou au *devoir*. « La raison, dit-il, porte en elle le sceau divin du commandement. Quand elle s'applique aux actes de la liberté humaine, son nom est la *justice*; ce qu'elle ordonne, c'est le *devoir*..... La loi de la justice est la loi de Dieu même, méconnue de beaucoup, ignorée de personne; toujours présente en nous, pour nous guider avant

terminer les mobiles. Son objet, c'est le respect de la *légalité*, ou de la conformité des
actes avec la loi sociale ; leur *moralité*, ou la
conformité de leurs motifs avec la loi morale, n'est pas de son ressort.

Aucune loi de la société ne peut pénétrer
jusqu'au foyer de la libre volonté. Celle-ci
obéit à la seule loi morale ; la législation juridique ne règle que les actions juridiques.
Le droit, dans les appréciations judiciaires,
ne tient compte des *intentions* que quand elles
sont avouées ou évidentes. Il suffit, pour le
droit, que les actes se concilient avec la liberté d'autrui. Cette condition ne suffit pas

l'action, pour nous récompenser après le sacrifice, pour
nous punir après la faute » (p. 509 ; voir aussi p. 295,
550-554, 386, 387, 425, 426, 468). La signification du
droit aussi reçoit une plus grande extension et se confond
quelquefois avec la morale (p. 420). — La théorie psychologique de l'auteur, suivant laquelle l'idée du devoir,
comme toute idée, n'agit sur la volonté que par l'inter-
médiaire de la passion ou de la sensibilité (p. 99, 100,
102, 103, 289), ne modifie en rien ce que nous disons
de la puissance de cette idée. Heureux de cet accord sur
le fond essentiel des recherches, nous nous sommes em-
pressé d'étayer, dans des notes, quelques-unes de nos
assertions, de l'autorité d'une philosophie si pure et si
noble.

pour les devoirs prescrits par la morale[1].— Même différence entre le principe du devoir et le principe du droit quant à la *contrainte*.

La contrainte morale, exercée par la raison, est une obligation librement acceptée par la volonté; elle porte sur les mobiles intérieurs. La contrainte que la société a le droit d'exercer pour le maintien de la liberté générale, ne gêne que les manifestations individuelles contraires à cette liberté; elle est le seul mobile que le droit rigoureux admette[2].

Les *obligations juridiques* diffèrent donc essentiellement des *devoirs moraux*.

La loi peut interdire les lésions, elle peut

---

[1] « La loi humaine regarde principalement l'action, mais la loi divine ne regarde que l'intention; il est d'ailleurs si vrai et si évident que l'intention seule fait le mérite des actes, que la loi humaine elle-même, tout en se préoccupant par nécessité de l'acte extérieur, ne veut atteindre que la volonté.

» De là les différences qu'elle admet entre le crime commis avec préméditation et le crime non prémédité. Dans les deux cas, le résultat pour la société est le même; cependant la loi punit plus sévèrement la préméditation, parce qu'elle est la preuve d'une volonté plus perverse.» JULES SIMON, *Le Devoir;* p. 408, 409.

[2] KANT, *Einleitung in die Rechtslehre.*

statuer sur l'entretien des pauvres. Le devoir seul, ou la morale, plie la volonté au pardon des injures et la porte à la bienveillance, à la bienfaisance par amour. Le droit peut obliger le fils à nourrir son père vieux et infirme; il ne peut lui inspirer la piété filiale. La religion, élevant la volonté jusqu'au pied du trône de l'éternelle miséricorde, pour la purifier et l'ennoblir, fera descendre la bienfaisance transformée en charité, du ciel dans le sanctuaire de l'âme.

Le caractère général du droit et des obligations qui en résultent, est aussi le caractère de la faculté qu'il accorde d'agir, de disposer d'une chose, d'exiger quelque chose; en un mot, de ce qu'on appelle *les droits*. Les droits de l'homme, les droits civils, les droits politiques, concernent les conditions de l'existence sensible, les garanties de la liberté de tous dans l'état de société. Les exigences qu'ils autorisent à l'égard des autres s'arrêtent aux barrières de leur for intérieur. Le gouvernement et la nation peuvent s'obliger mutuellement à observer la constitution, mais non à l'aimer.

La loi punit les infractions à l'ordre social, non les sentiments haineux que les malfaiteurs ou des rêveurs systématiques nourrissent contre l'organisation de la société.

Une différence fondamentale distingue donc le droit et le devoir. La science a séparé par des limites rigoureuses les deux sphères, et a montré comment, à bien des égards, l'idée du devoir est opposée à celle du droit. La loi morale prescrit catégoriquement le devoir; la loi juridique permet, mais n'ordonne jamais qu'on use de son droit. La loi morale défend souvent de faire usage d'un droit, sans que celui-ci cesse pour cela d'être un droit[1]; les rapports du créancier et du débiteur fournissent des exemples de dissonnances qu'une volonté généreuse résout en harmonie.

Le devoir de l'équité, de l'humanité, bande les blessures que fait la rigueur du droit.

---

[1] FICHTE, *Grundlage des Naturrechts*, § 51.

Leur combinaison et leur correspondance.

Mais ces éléments, que le scalpel de la science détache l'un de l'autre, la vie nous les montre unis et agissant de concert. Elle rapproche et combine le devoir et le droit, tantôt par une correspondance mutuelle, tantôt par l'influence de l'un sur l'autre. En nous appelant à la vie, la nature ne nous a pas seulement accordé le droit de la conserver, elle nous en a fait un devoir. Ceux qui invoquent impétueusement le droit au travail oublient quelquefois qu'il se lie au devoir du travail.

Malgré la différence, en raison même de la différence de principe du devoir et du droit, ils se prêtent un secours mutuel ou se complètent. Le droit protége l'accomplissement du devoir. Conçu dans l'intérêt de la liberté de tous, il facilite le développement de l'industrie, l'extension du commerce, les progrès de la science, toute l'activité humaine commandée par la nature et permise par la morale. Il assure à l'individu l'exercice de son culte religieux dans les limites de l'ordre public. Il vient au secours du pauvre, de la veuve, de l'orphelin, privés de leurs protecteurs naturels, et, par un mobile social ou d'humanité, remplit presque les fonctions de la morale. Le devoir, à son tour, aide au triomphe du droit sur ses adversaires, au triomphe de l'ordre social sur le désordre, en conciliant les volontés à la loi, qui n'obtient souvent qu'une obéissance rénitente. Et lorsque la morale recommande de mitiger la rigueur du droit, de tempérer la justice par l'équité, loin de renverser le droit, elle le reconnaît, elle le sanctionne, par cela même qu'elle lui demande une concession.

De ce rapprochement, de cette correspondance naît l'harmonie : l'antagonisme précède l'accord, la guerre conduit à la paix.

Cette harmonie trouve sa sphère et son accomplissement dans l'ordre social. Admirable organisme, qui, des différences, des contrastes, des oppositions, fait surgir une grande unité; conciliant les exigences de la conscience avec les conditions plus restreintes de la justice; tempérant la rigueur du droit par des obligations plus humaines; faisant refléter sur la législation la lumière des idées morales; élevant les citoyens au dessus de l'égoïsme et leur apprenant le dévouement au moyen des sacrifices que commandent les nécessités sociales; contenant les ennemis de l'ordre par la loi, puis les réconciliant avec la loi en les instruisant de leurs obligations; encourageant par l'austérité du devoir la soumission aux injonctions sévères du droit; faisant respecter par motif de conscience la société, que le droit défend à l'aide de la contrainte; la rendant digne d'amour comme école de générosité, et digne de considération comme école de justice; inspirant dans les formes de la légalité un souffle de vie, et leur donnant une âme, la moralité.

Appuyée sur ces deux pôles, le devoir et le droit, cette sphère que nous appelons la société roule dans l'orbite que le Créateur lui a tracée; elle emporte, avec un ordre qui se renouvelle de lui-même, les esprits des hommes, leurs volontés, leurs passions, leurs entreprises, et tourne, avec des tremblements de terre et des tempêtes, autour de la pensée divine, soleil immuable dont les rayons ramènent toujours le calme et la sérénité sur ce globe et toujours le fécondent.

Soutiens du monde social, le devoir et le droit non-seulement s'entr'aident pour son maintien et son bonheur, mais, tandis qu'ils s'unissent dans leur influence réciproque, ils grandissent encore. La pensée du devoir sort de son sanctuaire, de cette sublime solitude où l'âme se voit seule en face de Dieu et de la raison; elle se répand parmi la société des hommes, fertilise le champ de la vertu, sanctifie les actes et purifie les motifs par cette flamme intérieure dont le foyer est aussi le foyer de la lumière. La pensée du droit, à son tour, sort du cercle de la législation positive où elle se renferme ordinairement, devient l'image de la justice éternelle, le symbole de l'ordre social, l'égide de la liberté, sans laquelle ne sauraient s'accomplir les destinées humaines, l'alliée du devoir, qui montre à l'homme le but de son existence et l'y conduit.

Les droits que l'on réclame et défend avec tant d'ardeur sont, à ce point de vue, autre chose encore que les prérogatives de l'animal sociable et les conditions presque matérielles de son existence : ils élèvent l'esprit de l'homme à la hauteur de sa noblesse primitive, ils protègent son développement moral, ils sont les garants de la civilisation. La morale et la jurisprudence, le devoir et le droit, loin de se contredire et de rompre l'unité de la vie, s'unissent solidairement dans l'intérêt de tous les progrès, et la philosophie, qui sanctionne leur alliance, proclame que *le premier et le plus noble droit de l'homme, c'est le droit de remplir son devoir.*

Nous n'avons encore que déterminé l'idée, le domaine respectif et les rapports mutuels du devoir et du droit, et peu s'en faut que nous ne croyions avoir résolu la question proposée.

Il ne nous reste du moins qu'à dégager

de ces notions fondamentales la solution qu'elles renferment.

A la suite de ces considérations préliminaires, on ne saurait penser que l'un des principes doive absorber l'autre ou prédominer absolument: l'un et l'autre sont ineffaçablement gravés dans l'esprit de l'homme et dans sa conscience. L'un et l'autre doivent *être considérés moralement comme base de la conduite,* comme les deux grands *mobiles* de l'humanité: il est donc de la plus haute importance de savoir quel *rôle* respectif il convient d'assigner à chacun d'eux. Ce problème intéresse à la fois *le bien des individus et le bonheur des peuples.*

II

INFLUENCE DES IDÉES

DU DROIT ET DU DEVOIR.

—

Influence psychologique.

Pour apprécier l'action extérieure d'un principe, voyons-le agir d'abord dans l'intérieur de l'âme, comme on aimerait à voir sous la surface de la terre le mystérieux travail de la germination.

" Après l'idée générale de la vertu, dit un écrivain français, je n'en sais pas de plus belle que celle des droits ; ou plutôt ces deux idées se confondent. L'idée des droits n'est autre chose que l'idée de la vertu introduite dans le monde politique.

„ C'est avec l'idée des droits que les hommes ont défini ce qu'étaient la licence et la tyrannie. Eclairé par elle, chacun a pu se montrer indépendant sans arrogance et soumis sans bassesse. L'homme qui obéit à la violence se plie et s'abaisse; mais quand il se soumet au droit de commander qu'il reconnaît à son semblable, il s'élève en quelque sorte au dessus de celui même qui lui commande. Il n'est pas de grands hommes sans vertu; sans respect des droits il n'y a pas de grand peuple, on peut presque dire qu'il n'y a pas de société; car qu'est-ce qu'une réunion d'êtres rationnels et intelligents dont la force est le seul lien? [1] „

Au dessous de cette haute idée du devoir et du droit, qui suppose une certaine culture intellectuelle, ces deux mots ont, pour le commun des hommes, une acception moins relevée. Dans le commerce usuel des pensées et du langage, le *droit* et le *devoir*, toujours nommés dans cet ordre, répondent

[1] DE TOQUEVILLE, *De la démocratie en Amérique;* T. II, Ch. 6.

assez bien à l'*avoir* et au *devoir* des négociants. L'un représente ce qu'on possède, ce qu'on peut légalement réclamer, la source des jouissances; l'autre, ce qui engage ou oblige, ce qui limite les jouissances, une source de privations. Cette opposition vulgaire n'est-elle pas, au fond, celle du plaisir et de la contrainte, l'antagonisme entre la nature sensuelle et la nature morale?

Par une erreur aussi fatale que généralement répandue, la plupart considèrent la vie, non comme une carrière de devoirs, mais comme une partie de plaisir. Les déceptions et les tristesses de cette fête ramèneraient le plus grand nombre à des idées plus saines, si l'instinct du bonheur ne les entraînait, aveuglés par les passions, vers les jouissances de la vie matérielle, au lieu de les diriger vers la raison et le devoir, seule source d'un bonheur pur, mais qui n'est pas toujours le plaisir [1]. En dépit de

---

[1] « Le plus grand nombre paraît occupé seulement de son droit, et se laisse entraîner à confondre son droit avec son intérêt. » **J. Simon**, p. III.

la raison, leur attribut dominant, c'est l'instinct qu'ils prennent pour loi suprême; aspirant aux agréments de l'existence terrestre, ils invoquent le droit d'en jouir : à leurs yeux, il résume tous les autres. Quiconque place la notion du droit au dessus de cette acception commune, appartient par cela seul à une classe d'esprits plus haute : c'est une prérogative déjà que de connaître les prérogatives de la nature humaine.

Il y a plus : ceux qui invoquent le droit avec le plus d'ardeur ne songent bien souvent qu'à leurs droits individuels et oublient ceux des autres; ils vont même jusqu'à revendiquer exclusivement pour la classe dont ils font partie, des droits qui sont ceux de tous. Que de fois, en temps de révolution, le nom du *peuple,* dont on réclamait les droits, n'a plus désigné l'universalité des citoyens, mais une classe de la société armée par le ressentiment ou pour le partage! Tant l'idée rétrécie et usuelle du droit, quand elle prédomine, dispose les esprits à un égoïsme matériel!

Les hommes préoccupés habituellement

de leurs droits et de l'égalité de droits, arrivent par une pente naturelle à la tra-
duire, dans leur pensée, en égalité de fait;
ils s'autorisent de ce grand principe des
constitutions pour aspirer au sort des cas-
tes favorisées, comme ils les appellent; on
les voit inquiets, envieux, pleins de désirs,
insensiblement paresseux pour le travail sé-
dentaire, actifs pour le remuement, source
de fausses ou même de criminelles espérances.

Bien différente est la disposition des esprits habitués à prendre pour règle le devoir. La pensée du devoir ramène l'homme
à la pensée de sa raison, législateur invisible, mais d'une autorité absolue; elle le soumet aux arrêts de sa conscience, juge iné-
vitable qui siége au fond du cœur; elle le
fait remonter, par ces intermédiaires, à ce
Dieu dont ils sont les organes, ordonnateur
du monde moral comme de l'univers matériel. Le droit dispose davantage l'homme à
renfermer sa pensée dans la vie extérieure
et dans les intérêts personnels. Le principe
du devoir est nécessairement et toujours spi-

ritualiste; le principe du droit ne l'est qu'à sa plus haute puissance[1]. En suivant celui-ci, l'on aspire naturellement à étendre ses droits pour augmenter les avantages de sa position et multiplier les charmes de la vie. En suivant celui-là, l'on se soumet plus volontiers à l'ordre établi par la Providence; on se case avec plus d'aisance dans sa position; on trouve partout à remplir des devoirs; partout on rencontre la satisfaction qui accompagne le devoir rempli. Alors succède, au tumulte des désirs, le calme et la résignation; à l'amertume des déceptions, la douceur d'atteindre son but; à l'agitation des ambitions journalières, la paix de la conscience; à l'égoïsme qui menace le bonheur des autres, le dévouement qui cherche leurs besoins. En un mot, dans l'intérieur de l'âme la paix succède à la guerre, et du

[1] GROTIUS, après avoir fixé les deux significations les plus usuelles du mot *droit*, ajoute : « Est et tertia juris significatio, quæ idem valet quod lex, ut sit regula actuum moralium obligans ad id quod *rectum* est.... non simpliciter ad *justum*, quia jus hac notione, non ad solius justitiæ, sed et aliarum virtutum materiam pertinet. » L. I, Cap. I, § IX, 1.

contentement d'esprit naît, sous l'approbation de Dieu, le contentement de soi.

Le respect du droit, le dévouement à la défense du droit, donnent, sans contredit, de la noblesse aux sentiments, de l'énergie au caractère; ces mérites tournent à l'avantage des individus et des familles, et servent les intérêts de la société. Mais on se tromperait si l'on supposait que la soumission à sa destinée, la résignation à un rôle humble, le dévouement à des devoirs le plus souvent obscurs, énervent l'âme. Ils en trempent au contraire les ressorts dans une source d'autant plus efficace qu'elle est plus profonde et plus cachée. Le devoir a ses héros comme le droit, moins bruyants peut-être, mais non moins intrépides; il a de même ses martyrs, d'autant plus courageux qu'ils n'ont pas toujours des témoins de leur courage. La scène où ils le déploient est plus ordinairement encore leur propre cœur que le théâtre du monde. Des deux côtés on lutte incessamment : on lutte dans l'intérêt du devoir, on lutte dans l'intérêt du droit. Mais dans l'un des camps on combat contre soi-même, dans l'autre contre des adversaires étrangers ; ici pour résister à ses désirs, là pour les satisfaire ; ici pour s'interdire des jouissances, là pour en conquérir. D'une part on n'a souvent pour soi que l'approbation tacite de sa conscience ; de l'autre on est encouragé par des applaudissements, quelquefois par des fanfares.

Laquelle des deux luttes vous paraît le plus exiger la force d'âme et le plus sûrement la produire ?

Entrez sous le toit d'une famille obscure éprouvée par la maladie ou la pauvreté. Si vous parvenez à soulever le voile de l'humilité, vous découvrirez des miracles d'héroïsme : le travail opiniâtre, les soins charitables, l'abnégation de soi-même, la patience étouffant les murmures, tous les genres de privations et tous les genres de dévouement soutenus pendant de longues années, soutenus même durant une vie qui s'éteint, comme elle s'est allumée, dans la souffrance.

A quelle source se puise tant de courage ? Dans l'amour du devoir inspiré par

la seule raison, que soutient la conscience
ou que sanctifie la religion. Que de vertus
longtemps cachées dans l'ombre de la vie
de famille, mais grandies sous ce divin
souffle, ont purifié, fortifié les âmes qui les
exerçaient, consolé, encouragé celles qui
en étaient les objets, calmé les douleurs,
adouci les chagrins, dissipé les inquiétu-
des, ramené la sérénité au sein de la tris-
tesse, et, dans la longue nuit de l'adversité,
fait briller la lumière de la foi, de la charité, de l'espérance! Que de vies au sein de
la famille obscurément héroïques par devoir!

Voyez, au seizième siècle, Conrad Gessner,
de Zurich, un des flambeaux de la science,
allier aux méditations, aux recherches, une
vigilance continuelle auprès de sa femme
malade, descendre des hauteurs de la pensée pour lui donner les plus humbles soins;
après des journées pleines de travail et de
dévouement, veiller encore une partie de la
nuit, consacrant ses heures et sa sollicitude
aux devoirs de l'enseignement et aux devoirs d'un époux chrétien [1].

[1] HANHART (J.), *Conrad Gessner*. Winterthur 1824,
in-8°.

Notre siècle aussi peut inscrire dans son martyrologe littéraire de semblables sacrifices au devoir. Témoin, en Angleterre, Charles Lamb, poète et critique plein d'originalité, ami et compagnon d'hommes qui brillaient dans les lettres, tandis que lui, pour suffire à la subsistance d'une sœur, parfois aliénée, dont il prenait soin comme eût fait une mère, employait la plus grande partie de chaque journée à l'office le plus fastidieux, le plus contraire à ses goûts et à son talent [1]. " Lamb, nous dit son biographe, ne se crut le droit ni d'accuser la Providence, ni de prendre la société en haine ; il ne s'érigea point en martyr ; il eut le bon sens et le bon goût de s'abstenir de toute révolte, de toute déclamation et de tout blasphème. Il trouva dans le sentiment du devoir rempli ce légitime contentement de soi-même et cette paix intérieure qui élèvent et fortifient l'âme. Forcé de se replier sur lui-même dans la lutte qu'il soutint contre la souffrance et la pauvreté, il fut

___

[1] Il était contrôleur de marchandises dans une douane.

ainsi ramené à la source de toute inspiration vraie et durable : un cœur chaud éclairé par une conscience honnête [1]. „

Supposez, ou choisissez dans les souvenirs de votre expérience, deux familles. Dans l'une règne comme règle de conduite la pensée du droit, dans l'autre la pensée du devoir. Les chefs de l'une et de l'autre tiennent à l'ordre, à la moralité, à l'honneur de leur maison ; ils alimentent au foyer domestique la chaleur des affections naturelles. — N'arrivera-t-il pas néanmoins, dans le cas le plus favorable, que le principe du droit, tout en inspirant du respect pour les droits des autres, portera chacun, avant tout, à soutenir les siens ? Quelque sécheresse se manifestera dans les relations, une certaine froideur passera des glaciales rigueurs du droit dans le domaine des sentiments. Et que sera-ce, si le dévouement ou l'affection n'assouplit pas la roideur de la légalité ?

---

[1] M. Cucheval-Clarigny, *Moniteur* du 11 et du 12 mai 1853.

La soumission au devoir dispose davantage à prendre à soi les charges dont les autres retirent les bénéfices. De la pratique de ce dévouement naissent des habitudes plus affectueuses et l'affection elle-même. Nous avons vu des familles chrétiennes où les enfants, formés de bonne heure à écouter leur conscience et à respecter en toute chose le devoir, avaient acquis une délicatesse morale dont leurs parents leur donnaient l'exemple, et qu'ils portaient dans les relations domestiques comme au dehors. Là régnaient des mœurs pacifiques ; les offenses étaient rares et sans méchanceté, les corrections graves et sans amertume, les fautes spontanément réparées par une conscience vigilante ; les dissentiments se perdaient promptement dans la charité. Quoique différents en force physique, en talents, en industrie, en ressources acquises, les membres de la famille tendaient au même but en s'entr'aidant. L'égalité de droits ne les eût pas seule préservés de la division ; la rigueur du droit les eût divisés peut-être : le devoir, exerçant un empire conciliant sur les volontés, les maintenait à l'unisson [1].

L'un et l'autre des principes que nous comparons a donc son influence spéciale incontestable sur les dispositions de l'âme et sur les relations domestiques, sur le bien moral et le bonheur des individus et des familles.

[1] Voir LAMENNAIS, *Livre du peuple*, XII (fin).

Influence politique.

Dans la société politique, dans la carrière du citoyen, la même logique conduit à des conséquences analogues. Ce terrain est proprement celui du droit; mais là aussi, pour parler avec un grand écrivain de notre âge, „ le droit et le devoir sont comme deux palmiers, qui ne portent point de fruit s'ils ne croissent à côté l'un de l'autre [1]. " Là, les deux principes se correspondent à tel point, que leur union affermit la société, et leur division l'ébranle. Il est dans le cœur de l'homme des instincts moraux que la nature elle-même place à la tête de l'ordre social, et que la philosophie découvre dans la conscience humaine comme antérieurs à leurs manifestations politiques. Platon, parlant de la société et de ses bases, dit : „ C'est la

[1] Voir LAMENNAIS, *Livre du peuple*, IV.

justice organisée, la raison vivante, la morale armée. „ Il reconnaît donc une justice préexistante, que la politique revêt d'organes ; une raison en germe dans l'intelligence, avant de déployer ses effets au milieu des hommes réunis ; une morale qui siége dans la conscience, avant que la société lui prête des armes pour se défendre ou pour triompher. Lorsque Montesquieu, laissant au despotisme le soin de soutenir par la force un pouvoir de fait, arrive aux sociétés rationnelles, il assigne pour principes fondamentaux, à la monarchie *l'honneur*, à la république la *vertu*. Deux idées morales, dont nous ne comparerons pas ici la valeur, régissent donc à ses yeux les sociétés civilisées. Lorsque la république adopte pour devise : *Un pour tous, tous pour un,* ne proclame-t-elle pas comme sauve-garde de l'Etat, comme guide dans la carrière civique, le devoir suprême du dévouement au bien général ? Ainsi, de toutes les sociétés politiques celle qui se montre le plus fière et le plus jalouse de ses droits, la république, place ses droits sous l'inspiration d'un devoir.

Dans la monarchie, où le pouvoir est fortement organisé, tout comme dans la république, moins appuyée sur la force du gouvernement que sur la bonne volonté des citoyens, la sagesse politique dit avec un des plus anciens moralistes : " Garde ton cœur avec plus de soin qu'on ne garde toute autre chose, car c'est de lui que procèdent les sources de la vie [1]. „

Il n'est pas d'Etat, quelque fort qu'il se croie, que n'affermissent les sentiments vertueux des citoyens. De cette source découlent l'amour de l'ordre et de la justice, le respect de la loi et de l'autorité, le joyeux accomplissement de ses devoirs, l'usage moral de ses droits, la défense des intérêts publics, les sacrifices patriotiques.

La soumission volontaire à la justice, et à la loi qui en est l'expression, s'identifie avec le sentiment vif du droit, avec l'attachement à l'ordre public, sans lequel l'édifice de la société croulerait.

La rectitude d'esprit, d'accord avec la

[1] *Proverbes de Salomon,* IV, 25.

logique du droit, suffit pour soulever une âme bien née contre l'injustice et contre une infraction calculée aux lois. Cependant le respect pour le devoir ne corrobore pas seulement ces dispositions : il leur assure plus de puissance, en faisant considérer la justice comme une vertu morale, la société comme une institution établie de Dieu pour le perfectionnement de l'humanité, l'autorité gouvernementale comme la condition du maintien de cette institution. Le devoir, ou la morale, intéresse donc au respect de l'ordre public et de la loi, la conscience.

Ce moyen seul entretient plus de noblesse d'idées et plus de délicatesse de motifs chez une foule de personnes pour qui les considérations du droit ne sont pas un frein suffisant, et que la contrainte juridique ne retient dans la légalité qu'autant qu'elles n'espèrent pas l'éluder. Leur volonté n'est pas captive sous la loi, leurs actes extérieurs seuls en subissent la gêne. La conscience, que l'habitude du devoir tient éveillée, soumet, au contraire, la volonté à la loi, et même la fait conspirer avec elle.

La volonté consciencieuse respecte la loi parce qu'elle aime la loi, et elle aime la loi parce que c'est la loi. La législation étayée du droit seul est donc insuffisante pour le maintien de l'ordre et le règne des lois; l'indifférence les laissera tomber en désuétude et frayera les voies à la perversité, qui se fait un jeu de les enfreindre [1].

La loi n'exerce tout son empire que chez une nation où l'amour du devoir, rendant la conscience individuelle plus scrupuleuse, a formé une conscience publique; chez une nation, non pas subjuguée par une religion que l'ambition a faussée, mais guidée dans

[1] M. le professeur A. Cherbuliez, dans sa *Théorie des garanties constitutionnelles* (Paris, 1858), a fait voir combien peu l'organisation sociale fournit, par exemple, de préservatifs contre l'incapacité morale des électeurs. A cette occasion, (L. I, ch. II, sect. 4 et 5), comme dans tout son livre, le savant et perspicace auteur nous conduit à une conséquence que le plan de son ouvrage ne l'invitait pas à tirer lui-même, la nécessité de fortifier le moral du citoyen pour le rendre propre à exercer ses droits au profit de la société. Une fois pourtant, à propos de la captation, il dit (T. II, p. 228) : « Il faut reconnaître qu'il n'y a guère de préservatifs directs contre ce danger ; *le seul* qu'indique la théorie, *c'est de renforcer la sanction morale jusqu'à ce que son action ne puisse plus être neutralisée.* »

les voies de la moralité par la pureté des motifs religieux [1]. Les lois les plus parfaites ne dispensent pas un peuple de la moralité; la moralité du peuple dispenserait la société d'un grand nombre de lois. Aussi des législateurs de génie ont-ils allié la morale à la loi et fait servir la législation à former les mœurs, plus soigneux d'inspirer aux citoyens l'amour du bien et le respect du devoir que de les rendre vigilants à soutenir leurs droits : témoin Lycurgue, Solon, Zaleucus, Charondas [2]. Ces sages estimaient, comme Platon, que c'est par les mœurs qu'on préfère ce qui est honnête à ce qui

[1] « La sanction religieuse, » dit le même écrivain, « est le seul mobile, peut-être, dont l'impulsion puisse atteindre au même degré d'énergie que celle de la sanction morale .... Si la sanction religieuse agit dans le même sens que la sanction morale, elle en augmente indéfiniment la puissance; mais si elle agit en sens contraire, elle sera plus apte qu'aucune autre à en neutraliser l'effet. » (T. II, p. 237, 238.)

[2] *Voyage d'Anacharsis*, ch. 43; Introd., IIe part., sect. Ire. « Zaleucus et Charondas, peu contents de diriger au maintien des mœurs la plupart des lois qu'ils ont données, le premier aux Locriens d'Italie, le second à divers peuples de Sicile, ont mis à la tête de leurs codes une suite de maximes qu'on peut regarder comme les fondements de la morale. » *Ibid.*, ch. 62.

n'est que juste, et ce qui est juste à ce qui
n'est qu'utile [1]; ils pensaient, comme, plusieurs siècles après eux, un des grands
hommes d'Etat de la Grèce, Démosthène,
que toutes les lois doivent être en faveur
de la vertu [2].

Chose remarquable, mais point étonnante : sans la pensée divine, qui se traduit
pour la grande masse en pensée morale, les
institutions sociales acquièrent peu de con-
sistance ; elles ont peu de solidité, si le dévouement inspiré par le devoir ne les soutient. Un dissolvant les ronge, lentement
peut-être, mais il les ronge. Laissez prédominer le principe du droit dégagé de la
morale, et bientôt vous verrez prédominer
l'idée des *droits qu'on possède*. L'égoïsme se
multipliera au détriment du bien général :
il considèrera l'Etat comme une source de
bénéfices où chacun puise le plus qu'il
peut, comme une carrière où remportent
les prix ceux qui devancent leurs rivaux

[1] PLATO, *de Legg.*, L. III.
[2] DEMOSTH., *in Timocrat.*

ou les culbutent. La prospérité de l'Etat n'est plus un but, mais une ressource à exploiter; ses droits mêmes se subordonnent à l'intérêt individuel dans la logique de l'égoïsme [1]; les engagements de parti sont le maximum du dévouement. Sans la pensée de Dieu et des devoirs qui en découlent, point d'assiette fixe pour la société [2].

[1] Voir LAMENNAIS, *Livre du peuple*, IX : « Le droit concentre chacun en soi, » etc.

[2] Nous empruntons encore à la *Théorie des garanties constitutionnelles* de M. A. CHERBULIEZ les observations suivantes : « Il ne serait pas difficile de prouver par l'histoire passée ou contemporaine que l'absence totale ou partielle de l'élément religieux chez les *masses* n'est pas un fait indifférent, même sous le point de vue purement politique. On a vu à diverses époques l'élément religieux s'attiédir et disparaître pour un temps, parce que les formes, tant internes qu'externes, sous lesquelles il s'était manifesté jusqu'alors, avaient vieilli, et ne se trouvaient plus à la hauteur des exigences amenées par le développement progressif de la raison humaine. Eh bien, ces époques ont été marquées en général par de grands bouleversements politiques, par des tendances désorganisatrices, par une agitation fébrile qui poussait les masses en dehors de l'ordre établi. On en venait à douter de la possibilité d'un ordre quelconque, de la stabilité d'aucun gouvernement, de l'efficacité d'aucun système de garanties. C'est que, l'espérance de l'infini manquant, toute l'énergie des tendances individuelles se portait vers la poursuite des moyens de bonheur que promet l'association politique. On cherchait l'infini dans les choses

En dehors du gouvernement despotique, qui n'impose aux sujets qu'un devoir, de se soumettre et se taire, et ne leur laisse qu'un droit, de se soumettre et se taire, la constitution de la monarchie, comme de la république, investit les citoyens de droits qui organisent la liberté dans des limites plus ou moins larges, en d'autres termes, plus ou moins conformes à la nature humaine et aux vues de la Providence.

Plusieurs, et dans ce nombre les *droits politiques*, l'égalité devant la loi, l'éligibilité, le droit électoral, le droit de pétition, la libre émission de la pensée, ont un rapport direct avec le bonheur de l'Etat; son bien moral et sa prospérité dépendent en grande partie de leur usage et de leur bon usage. Or la loi ne peut forcer personne à user d'un droit au profit de la société, ni

finies; on demandait le ciel à la terre; et l'on s'irritait contre ces nécessités sociales qui nous condamnent à ne trouver jamais dans l'association qu'un bonheur relatif. L'élément religieux est nécessaire pour absorber et neutraliser cet excès d'énergie des tendances individuelles; c'est dans les croyances religieuses que se déverse le trop-plein de notre désir de bonheur. » (T. II, p. 241, 242.)

même à en user du tout. Sous son empire exclusif, les passions politiques détourneront fréquemment à leur profit les prérogatives civiques. L'intérêt, sous toutes les formes, saura s'en prévaloir sans contrevenir à la lettre de la loi, habile qu'il est dans l'art des interprétations. Que le citoyen, au contraire, ait de bonne heure contracté le respect du devoir ; qu'il apprenne à considérer comme des devoirs les droits que la constitution lui confère ; qu'il soit pénétré de l'obligation de concourir au perfectionnement de la société, organe elle-même du perfectionnement humain : l'indifférence et la paresse politiques sortiront de leur langueur, l'intrigue et la corruption seront réduites à se cacher ou à rougir ; c'est en faveur du bien général que se déploiera l'activité sur la scène des intérêts publics ; en un mot, un souffle vivifiant purifiera l'air et entretiendra la santé et le mouvement dans les membres du corps social.

Une des causes du succès extraordinaire des armes musulmanes à la suite de la révolution opérée par Mahomet, c'est la persévérance qu'inspirait à ses sectateurs le sentiment du devoir, c'est le dévouement à l'idée d'une grande mission. L'exaltation religieuse et la poésie, s'emparant de leur imagination, ouvraient à leurs âmes les régions de l'infini et faisaient émaner leur enthousiasme de la soumission à la volonté même de Dieu [1].

La conscience du bon droit donne, sans contredit, aux citoyens d'un pays une force morale pour en défendre les droits et l'indépendance. Un petit peuple même, fort de la justice de sa cause, ose résister aux prétentions injustes et aux attaques d'une puissance supérieure en force. Pour allumer et entretenir le feu de son courage, le sentiment de son bon droit suffit. Il sait d'ailleurs aussi que, si la politique des cabinets l'abandonne à ses destinées, la conscience des peuples se prononce pour lui, et que les agresseurs, pour puissants qu'ils se croient, redoutent cette autre puissance invisible et partout présente, qui se retire au

____

[1] OElsner, *Des effets de la religion de Mohammed.* Paris, 1810; p. 55.

fond des âmes, mais à son jour, à son heure, en sort formidable et sûre de la victoire.

Cependant cette énergie qui naît du droit s'augmente encore par le sentiment du devoir. Grâce à lui, le citoyen n'est pas simple possesseur de ses droits, libre de les soutenir ou de les abandonner, mais il se sent obligé envers eux et envers la société. Il y a des occasions, ordinaires ou solennelles, où la morale interdit au citoyen de faire du droit la matière d'un calcul par pertes ou profits personnels, et lui ordonne de défendre, au prix de tous les sacrifices, le droit comme droit, comme chose sacrée, de le défendre dans l'intérêt de la communauté dont il est membre, de le défendre pour léguer à la postérité le droit lui-même et l'exemple du dévouement qui lui est dû. Telle est la sainte inspiration du devoir : il fait agir par amour du bien et en vue du bien; il commande au citoyen de préférer un intérêt général et durable à son intérêt particulier, et ne reconnaît l'utile que dans ce qui est juste et moral. Voilà le caractère du devoir; voilà le caractère des citoyens élevés à l'école du devoir.

Importance politique du mobile des actions.

Ecoutez le langage d'une philosophie indifférente pour le bien moral et pour la vérité, indifférente au principe qui fait agir les hommes, amour de la gloire ou amour de la vertu : „ Au fond, nous dit-elle, tous les „ devoirs se trouvent remplis, quoiqu'on „ ne les remplisse pas par la vue du de-„ voir; toutes les grandes actions qui doi-„ vent être faites par les hommes, se trou-„ vent faites; enfin, l'ordre que la Nature a „ voulu établir dans l'univers va toujours „ son train : ce qu'il y a à dire, c'est que, „ ce que la Nature n'aurait pas obtenu de „ notre raison, elle l'obtient de notre fo-„ lie [1]. "

Non, les devoirs ne sont pas remplis s'ils

[1] Fontenelle, *Dialogues des morts*. OEuvres, I, 176, 177.

ne le sont en vue du devoir, s'ils n'affermissent l'amour de la vertu, s'ils ne sont un gage que dans d'autres occasions la même rectitude de volonté marquera les actions du même sceau de moralité [2]. Non, il ne peut être indifférent à la société que ses membres se laissent conduire par la raison ou par la folie, qu'ils soient animés au combat par une liqueur qui soutient la vigueur et la santé ou par un poison qui les exalte une heure pour les énerver ensuite et les faire languir. Non, il ne peut être indifférent ni à une mère de famille ni à la patrie, que ses enfants soient honnêtes ou qu'ils le paraissent seulement, que leurs actions procèdent de la conscience ou de l'hypocrisie.

Si telle est, chez ceux qui obéissent, l'importance de la distinction entre le bien et le mal, entre la morale et ce qui n'est pas elle, la croirait-on moindre chez ceux qui gouvernent? Estimerait-on que le peu-

---

[2] « Il faut obéir au devoir parce qu'il est le devoir. » J. SIMON, p. 429.

ple est soumis au devoir et que le gouvernement ou le souverain en est dispensé?

Il le semble. Parcourez, par exemple, la
longue série des rois de l'ancienne monarchie française, et dites-nous la proportion
de ceux qui ont gouverné selon les devoirs
de la royauté, à ceux qui les ont ignorés
ou n'en ont pas fait compte. Rappelez à
votre mémoire les guerres du moyen âge et
les querelles des républiques italiennes, et
nommez-nous les princes et les gouvernements républicains qui ont répandu le sang
de leur peuple et l'or, cet autre sang tiré de
son corps, non pour satisfaire leur ambition, leur vengeance, leur jalousie, mais
pour avancer la moralité du peuple et lui
assurer un avenir plus heureux. Même à ne
pas méconnaître les formidables devoirs
qu'impose la marche providentielle de la
civilisation, et les sacrifices longs et san-
glants qu'elle exige, l'histoire des devoirs
remplis n'est pas, dans ces hautes régions
de la société, une longue histoire.

L'ambition, la soif des jouissances, la
facilité de satisfaire ses passions, la né-

cessité aussi de défendre les droits de la souveraineté contre les empiétements et les attaques, portent trop habituellement l'attention des gouvernants sur leurs droits et la détournent de leurs devoirs.

S'armer du sceptre de l'autorité et du glaive de la loi, étaler un luxe militaire, briller à la tête des armées, lever des impôts, puiser dans le trésor public, dispenser les faveurs, et par dessus tout commander aux hommes : que de séductions! que de droits! Où trouver une place pour le devoir? Et même dans les sociétés plus humbles, dans des monarchies en miniature et de petites républiques, que de fois le droit d'ordonner est une mine qu'on exploite au profit de sa personne, de sa famille et de ses amis! que de fois la complaisance fléchit la rigueur de la justice! comme, sans excéder les limites du droit, on en use dans l'intérêt d'un parti ou dans des vues ambitieuses! Tant est générale, dans l'exercice de la souveraineté, l'habitude d'en considérer surtout les prérogatives!

Ce penchant n'est pas seulement celui des politiques égoïstes ou passionnés : il détermine, dans des circonstances graves, la conduite des gouvernements les plus honnêtes. Une révolution éclata un jour dans une petite république jusqu'alors paisible et gouvernée avec honneur dans l'intérêt public. Le tumulte approchant du siége de l'autorité, des membres du gouvernement s'écrièrent : " Si l'on en veut à nos fauteuils, qu'on le dise : nous sommes prêts à les céder. „ Cette pensée se traduisit bientôt en démission volontaire. Et ces magistrats loyaux, modestes, dévoués au bien de la patrie, ne songèrent dans un pareil moment qu'aux droits dont ils étaient dépositaires et dont des ambitieux vulgaires étaient jaloux ! Et ils n'entendirent pas, ils ne firent pas répéter aux échos du pays, la voix du devoir qui leur ordonnait de défendre contre l'illégalité les fonctions que le peuple leur avait légalement confiées, de défendre la constitution contre la révolte, d'empêcher la ruine morale de l'Etat par le renversement de ses institutions, et

la ruine de la liberté par le mépris des garanties dont la nation en corps l'avait en-
tourée!

Cette histoire n'est pas un apologue. Des
faits semblables se sont néanmoins répétés:
les annales des révoltes nous montrent en
cent endroits l'immoralité faisant la guerre
au devoir, qui ne songe pas à se défendre,
et faisant, au nom de la liberté, la guerre à
la liberté.

Rapport du droit et du devoir avec la liberté.

La liberté! Elle est ce bien que l'homme, individu ou peuple, chérit par instinct, qu'il chérit encore plus par raison quand il apprend à se mieux connaître, dont le sauvage jouit dans les forêts, pour lequel l'homme civilisé se passionne, et, quand il le faut, le citoyen meurt en martyr. La liberté n'est pas le but de la vie, mais la condition d'une vie complète, la condition de la civilisation, du développement de la pensée, de l'activité, de l'industrie, des lettres, des sciences, la condition des progrès de l'humanité. Elle est le milieu où respirent et prennent leur essor l'homme et le citoyen, le travailleur et le philosophe, l'industriel et le poète; elle est l'atmosphère de l'intelligence et de l'âme; elle communique son élasticité aux idées et aux sentiments. Pour les nobles esprits, pour les peuples qui se sentent, sans elle il n'y a ni dignité ni bonheur. L'histoire de la liberté est l'histoire du perfectionnement social, comme aussi l'histoire du perfectionnement moral de l'homme. En tout pays, la liberté est proportionnée au nombre des droits et des devoirs des membres de la société, citoyens et magistrats. Comparez l'histoire de l'Angleterre et celle de l'Europe méridionale; comparez dans l'Union américaine les Etats du Nord et les Etats du Midi; comparez en général les pays où la vie communale est développée, où la vie politique est active, et ceux où l'une est inconnue et l'autre languit. L'amour du devoir surtout fait prospérer la liberté [1]. Au fond de notre nature, la moralité et la liberté sont inséparables; dans leur essence, elles sont identiques. Pour vouloir, il faut être

---

[1] « Aux Etats-Unis, on n'a point prétendu que l'homme dans un pays libre eût le droit de tout faire : on lui a, au contraire, imposé des obligations sociales plus variées qu'ailleurs ; on n'a point eu l'idée d'attaquer le pouvoir de la société dans son principe et de lui contester ses droits, on s'est borné à le diviser dans son exercice. » DE TOCQUEVILLE, *De la Démocratie en Amérique*, I, ch. 4.

libre; pour être libre, il faut vouloir. Qui ne peut ou ne sait pas vouloir est asservi par nature, ou bien esclave par malheur ou par abjection. La libre volonté seule élève l'homme jusqu'au dévouement et au sacrifice, et fait sa grandeur morale et son héroïsme civique. Telle est l'élasticité de cette puissance interne, que du fond de l'âme elle se répand dans la société, l'épure, l'affermit et l'anime. La volonté libre et par là forte, défend et chérit la liberté individuelle et la liberté des peuples, en s'inspirant de son devoir. L'habitude de prendre le devoir pour règle, c'est l'habitude de se vaincre soi-même, de soumettre ses passions à sa raison, et d'obéir spontanément à sa conscience : on place l'empire de sa vie dans sa propre volonté, au lieu de se laisser conduire par des séductions extérieures ou par la contrainte. Le principe du devoir développe donc le principe de la liberté morale, la force et l'indépendance du caractère. „ L'impulsion du seul appétit est esclavage, et l'obéissance à la loi qu'on s'est prescrite est liberté, " dit J.-J.

Rousseau [1]. M. Cousin dit à son tour : „ C'est dans la liberté, et dans l'accord de la liberté avec la raison et la justice, que l'homme s'appartient à proprement parler. Il n'est une personne que parce qu'il est un être libre éclairé par la raison.... La vraie liberté n'est pas de faire ce qu'on veut, mais ce qu'on a le droit de faire [2]. " La vraie liberté est donc celle qui, pour affranchir les peuples, affranchit les âmes.

---

[1] *Contrat social*, L. I, Ch. 8.

[2] *Du Vrai, du Beau et du Bien*, 15ᵐᵉ Leçon. — A l'origine de l'émancipation des Etats-Unis, un nouvel homme d'Etat et orateur donna cette définition de la liberté : « Ne nous trompons pas sur ce que nous devons entendre par notre indépendance. Il y a en effet une sorte de liberté corrompue, dont l'usage est commun aux animaux comme à l'homme, et qui consiste à faire tout ce qui plaît. Cette liberté est l'ennemie de toute autorité ; elle souffre impatiemment toutes règles ; avec elle nous devenons inférieurs à nous-mêmes ; elle est l'ennemie de la vérité et de la paix, et Dieu a cru devoir s'élever contre elle. Mais il est une liberté civile et morale qui trouve sa force dans l'union, et que la mission du pouvoir lui-même est de protéger : c'est la liberté de faire sans crainte tout ce qui est juste et bon. Cette liberté, nous devons la défendre dans tous les hasards, et exposer, s'il le faut, pour elle, notre vie. » Discours de VINTHROP. (MATHIEW's *Magnalia Christi americana*, vol. II, p. 15, cité et traduit par M. de Tocqueville, t. I.)

La vraie liberté est donc celle qui, pour affranchir les peuples, affranchit les âmes.

La liberté ne peut donc prospérer, ni même se soutenir, que chez un peuple qui l'honore par motif de conscience, que dans un Etat dont les citoyens se préoccupent du bien public et non seulement de leurs avantages personnels. Si depuis un demi-siècle tant de projets politiques, après avoir réveillé les sympathies nationales, ont avorté, c'est que le manteau du libéralisme a plus souvent couvert l'égoïsme que revêtu la vertu civique, et que le nom de la liberté a servi de prétexte à l'ambition plus qu'il n'a désigné l'objet d'un culte.

Dans le monde moral, l'état stationnaire est impossible : qui n'avance recule. En effet, qui n'avance ne sent pas le besoin d'avancer, par conséquent ne connaît pas son imperfection, et, faute d'un idéal plus haut que la réalité présente, se relâche dans ses efforts.

La liberté aussi, comme toutes les puissances morales, déchoit si elle ne fait pas de progrès. Mais ce progrès consiste moins dans une extension que dans un meilleur usage de la liberté, dans l'amélioration des hommes libres et dans la propagation de la moralité civile et politique. Pour cet effet, la connaissance des droits qui aboutissent à la liberté ou qui sont en connexion avec elle, est indispensable, sans contredit, et néanmoins insuffisante. Il importe avant tout de posséder une âme qui sache se modérer et veuille faire servir ses prérogatives à l'avancement de la dignité humaine et de la dignité nationale. Le gardien et le promoteur de la liberté politique, c'est une volonté vertueuse qui garde sa propre liberté.

III

RÉVOLUTIONS.

—

Exemples. Droits de l'homme.

Entreprises au nom et sous l'égide de la liberté, les grandes révolutions, celles qui ont fini par asseoir l'existence des nations sur une base nouvelle, ont toujours accompli et proclamé le triomphe du droit sur l'abus du droit, dans l'intérêt du perfectionnement de la société. Ainsi naquit au XIVme siècle la Confédération suisse, pour statuer un immortel exemple du respect du droit et de la puissance du droit.

La lente et opiniâtre conquête de la liberté constitutionnelle en Angleterre donna l'exemple de ces légitimes triomphes dans la société moderne. A la suite de la philosophie politique du XVIIIme siècle, les Etats-Unis s'affranchirent par une révolution commencée pour réprimer une lésion des droits naturels d'une nation, et terminée par la proclamation des droits naturels de l'humanité. La France avait applaudi l'Amérique ; elle fit sa révolution à son tour, non contre l'usurpation étrangère, mais contre les usurpations royales. La France, dont le rôle est la mise en œuvre et en circulation des grandes idées, formula brillamment la déclaration des *Droits de l'homme,* et l'adressa aux nations avec l'autorité de l'éloquence [1]; à sa voix, les peuples civilisés s'émurent.

---

[1] **M. Augustin Thierry**, parlant du travail de l'Assemblée constituante pour la création politique de la France nouvelle, s'exprime en ces termes : « Ce travail, dans ses diverses branches, fut une synthèse où tout partait de la raison pure, du droit absolu et de la justice éternelle; car, selon la conviction du siècle, « les droits » naturels et imprescriptibles de l'homme étaient le prin- » cipe et la fin, le point de départ et le but de toute » société légitime. » *(Considérations sur l'Histoire de France,* chap. III; t. I des *Récits des temps mérovingiens.)*

La France avait dit le mot que tous retrouvèrent gravé au fond du cœur : il semblait que ce fût le mot de l'énigme sociale. Au nom des droits de l'homme s'accomplit dans l'opinion publique la révolution la plus universelle et la plus profonde depuis l'établissement du christianisme et de la réformation. Nous avons dès lors été témoins d'une suite de révolutions analogues, dont quelques-unes semblent échouées et d'autres arrivées à bon port. Partout le même formulaire à la main, les mêmes paroles sacramentelles à la bouche : les *Droits de l'homme* sont le *Dieu le veut* des Croisés modernes.

Cette charte universelle des peuples civilisés, les révolutions l'ont écrite en tête des constitutions nationales de l'Europe et de l'Amérique. Et néanmoins plusieurs de ces révolutions ont avorté ou abouti au désordre, et dans bien des Etats les droits éternels n'ont assuré ni la stabilité des institutions, ni la sagesse des gouvernements, ni la modération des citoyens, ni le repos des familles, ni la sécurité de l'industrie et du commerce. Les partis s'entredéchirent en arborant sur leurs drapeaux les droits de l'humanité. Dans leur lutte sans fin, dans leurs combats acharnés, l'épée de la parole n'a pas moins rompu les liens sociaux que l'épée des guerriers, et l'instrument le plus puissant de la civilisation, la pensée éloquente, est devenu un instrument de dissolution.

Portez vos regards sur les révolutions qui, depuis une soixantaine d'années, se sont faites au nom des droits de l'homme; considérez la marche de la révolution française, ses phases, ses résultats immédiats ou éloignés, les révolutions nouvelles qui en ont été la conséquence dans le pays même; étudiez ensuite l'histoire des révolutions issues de celles-là, en Espagne, en Italie, dans une partie de l'Allemagne, et dites-nous si les sacrifices ont été compensés par les avantages; si les peuples sont parvenus à la paix intérieure, à la prospérité, au bonheur qu'ils avaient rêvés; si leur situation politique est rationnelle; si le bien public est partout le premier but de l'Etat; si le respect des droits est l'objet d'une émulation entre le gouvernement et les citoyens; pour résumer, si la liberté s'est étendue dans tous les sens [1].

[1] Comparez J. SIMON, *Le Devoir*, p. 472.

Révolutions qui ont échoué pour n'avoir pas tenu compte du devoir.

Quelque idée favorable que l'on se fasse des conséquences ultérieures de ces mouvements (et nous espérons tout de l'avenir du genre humain), on ne saurait méconnaître que leurs conséquences passées ou présentes ne réalisent pas les prévisions et les promesses. Même en accordant une large part à l'imperfection inhérente aux choses humaines, on voit les effets des révolutions trop déviés de leurs principes pour ne pas soupçonner dans ceux-ci un vice originel. Une déception constante accuse une espérance mal assise.

Le défaut de ces tentatives d'organisation perfectionnée de l'Etat, c'est qu'elles sont uniquement politiques, et qu'elles tiennent trop peu compte du premier principe de la nature humaine, du principe de la moralité et du devoir; qu'elles démolissent la vieille société au nom du seul droit, et ne fondent la nouvelle que sur le droit. Les réformes se présentent donc sous l'aspect d'une conquête de l'homme social, rarement comme un agrandissement de la sphère de l'homme moral. Si les révolutions proclamaient une extension des obligations, on se jetterait avec moins d'empressement dans cette carrière. Le devoir, il en faut convenir, est moins séduisant pour la multitude que l'idée de la conquête; mais cette idée même, celle d'acquérir de nouveaux droits, ou, si l'on veut, de prendre possession de droits anciens jamais possédés, pure au début des révolutions, comme elle le fut en France, s'altère de proche en proche en tombant dans des esprits vulgaires; à la fin elle se transforme en un grossier appât. L'idée du droit présentant à l'imagination un avantage, les passions l'appliquent à leur guise et la font descendre à leur niveau. De dégradation en dégradation, elle aboutit au partage des jouissances matérielles, et devient, comme dans les théories de certains communistes, une amorce de la sensualité [1]. Les réformes sociales, rarement exemptes de troubles, entraînent donc dans leur mouvement, par une pente naturelle, les hommes qui, aux changements, ont tout à gagner, rien à perdre. Les révolutions commencées au nom de la liberté, en qui se résument tous les droits, ont le malheur d'attirer sous leur étendard une foule d'hommes d'une moralité douteuse ou ébréchée, et tous ceux qui portent plus impatiemment encore le joug des mœurs que celui de l'autorité. Leur turbulence au milieu d'une foule qui leur ressemble acquiert un assez prompt ascendant pour brouiller les idées, altérer les maximes, faire dévier la marche des réformes et les conduire vers une issue fatale. Lisez l'histoire des clubs et de la Convention, les journaux des factions descendues au bas de l'échelle sociale, et prêtez l'oreille à leurs discours et au langage de leurs flatteurs.

Loin de nous la pensée d'attribuer ces

---

[1] Voir les écrits de WEITLING.

conséquences à la logique du droit : elles appartiennent à la logique des passions. Ce sont leurs sophismes qui ravalent le droit pour convertir, s'il était possible, le principe d'ordre en un principe de licence. Le droit est une chose si haute et si sainte, que la société s'affermit moralement et politiquement par cela seul qu'elle le respecte, et s'affaiblit dès qu'elle ne le respecte plus. Si un Etat viole les droits d'un autre Etat, ou foule aux pieds ceux des particuliers ; s'il rompt un engagement dont on ne le délie pas, ou s'il déchire un contrat malgré l'opposition de l'autre partie, il perd son crédit dans la société des nations, il ébranle même l'appui que lui donnaient ses partisans, intimidés à cette heure par la conscience de son injustice. Il savent qu'au droit est réservé son jour de triomphe, qui peut se faire attendre, mais ne se fait pas attendre en vain.

La sainteté du droit n'a jamais célébré de victoire plus éclatante que lorsque, en 1776, les colons américains rompirent avec l'Angleterre pour ne pas sacrifier un droit en payant un impôt, léger mais illégitime.

L'amour de la justice enflamma les cœurs, arma les bras ; la plus grande, la plus libre, la plus heureuse des républiques naquit.

Le respect des droits des autres, la moralité dans l'usage des siens, donne même à un petit pays l'énergie d'une bonne conscience, la confiance dans une cause juste, dans la bénédiction divine, dans l'approbation des hommes. Les paysans fondateurs d'une alliance qu'ils ne soupçonnaient pas être le noyau de la Confédération suisse, ne connaissaient pas le nom des droits de l'homme ; mais il les lurent écrits dans leurs cœurs du jour où un pouvoir abusif y insulta. Ils repoussèrent l'outrage et brisèrent le pouvoir ; mais, pleins de vénération pour l'éternelle justice, le droit leur fut sacré même dans la personne et dans la propriété de leurs oppresseurs : la tyrannie subie les arma pour la liberté, non pour la vengeance ou les représailles. Ils éloignèrent leurs ennemis ; ils ne les écrasèrent pas, parce qu'ils ne les craignaient point ; et ils ne les craignaient point, parce qu'ils craignaient Dieu et leur conscience. C'est donc sous l'inspiration de la morale que les premiers Confédérés établirent leur droit; en défendant leur droit, ils songèrent à ce que leur commandait le devoir. Ils assirent une république durable sur une base plus solide que la puissance sans justice. Ils statuèrent, pour leurs propres descendants et pour l'instruction de tous les peuples, la loi fondamentale de la grande politique, le respect des droits de tous, l'alliance éternelle du droit et du devoir. En vertu de cette loi, leurs descendants, une poignée d'hommes sans art militaire, sans armée, mais forts de la force qui procède de l'âme, vainquirent les cohortes d'une puissance ennemie, à Morgarten, à Sempach, à Næfels, puis, avec plus d'art et de troupes, des ennemis plus nombreux dans la plaine de Morat. Ce qui fait encore la force de la Suisse au jour du péril, ce qui assure à ses peuplades, dans les années de paix, le calme et la prospérité, c'est ce qui reste chez le peuple et les gouvernements de ce primitif esprit qui ne sépare pas la politique de la morale, et, avant de défendre le droit, consulte les exigences du devoir.

Puisse la Confédération ne jamais s'inspirer, ou puisse-t-elle toujours se désabuser promptement d'une politique contraire, qui n'est pas sa politique nationale!

La force et le bonheur d'un petit Etat ont la même racine que la force et le bonheur de tous les Etats ; la nature humaine est identique dans une société d'un million d'âmes et dans une société de vingt ou trente millions. Les armées, la police, l'habileté politique et diplomatique sont des moyens ; l'erreur d'une sagesse gouvernementale vulgaire consiste à les prendre pour des causes. Les causes premières de la paix intérieure et de la prospérité des nations, ou de leur malaise et de leur misère, sont dans les âmes, dans les idées qui les régissent et servent de règle au gouvernement. Les mêmes causes morales produisent les mêmes effets dans la république et dans la monarchie, sous le règne de la démocratie et de l'aristocratie, dans le plus petit des cantons, dans la plus exiguë des principautés, tout comme dans un royaume ou un empire.

L'action des causes est la même, les moyens d'action diffèrent. Dans les Etats de toute dimension et de toute forme, le mécontentement agite le peuple, la révolte le soulève, l'émigration le décime, quand le gouvernement exagère ses droits et méconnaît ses devoirs : la prospérité attache au sol; la liberté, qui embellit tous les lieux, fait aimer la patrie sous un gouvernement qui consulte ses devoirs et non son égoïsme. Bien plus, le gouvernement, par l'exemple de ses obligations remplies, éclaire le peuple et l'améliore. Ainsi découlent de la même source, du devoir présidant à l'usage du droit, les vertus civiques et la félicité nationale.

Importance, pour prévenir les révolutions, de l'alliance du devoir et du droit chez les souverains et les gouvernants.

Après avoir considéré les rapports du droit et du devoir dans leur influence sur les citoyens individuellement et sur l'esprit général de la société, nous voilà donc conduits à les considérer d'une façon plus particulière à l'endroit des gouvernements, quel que soit leur principe, républicain ou monarchique, absolu ou constitutionnel.

Nous l'avons déjà reconnu, l'histoire nous montre les gouvernements en général et la plupart des monarques plus occupés de faire valoir et d'étendre leurs droits qu'appliqués à connaître et à remplir leurs devoirs. A l'opposite du pouvoir, la politique libérale croit donner à la société des garanties suffisantes quand elle détermine et borne les droits du prince.

Mais là n'est pas la garantie primordiale, celle que le cœur humain rend nécessaire : mieux vaut la chercher dans la volonté bien disciplinée du souverain, des gouvernants, dans leur application à leur devoir. Sans cette condition, il n'est que trop facile aux dépositaires du pouvoir, surtout quand sur leur front brille une couronne, de se permettre des infractions au droit et de se les faire pardonner.

Le premier devoir du prince ou du gouvernement est d'étendre par son exemple l'empire du devoir, d'animer les citoyens de ce souffle d'en haut, de faire de la morale l'âme des âmes. Respecter le droit, afin de pouvoir, avec une autorité plus persuasive encore que celle de la loi, exiger de tous le même respect, est le corollaire et le complément de ce devoir. Un monarque, des magistrats plus habituellement attentifs aux droits de la société qu'aux leurs, à leurs devoirs qu'à leurs prérogatives, consacreront pensées, temps, forces, ressources, à l'intérêt général, se regarderont comme les organes du bien, les instruments du bonheur public, les missionnaires de la morale, du droit et de la liberté, en un mot, du règne de Dieu sur la terre.

Au lieu de se laisser éblouir par l'éclat des armes et d'ambitionner une gloire sanglante, ils aspireront à la conquête des cœurs, ils favoriseront les triomphes d'une activité pacifique, les progrès des arts, de l'industrie, du commerce, des sciences, enfants et soutiens de la paix.

Animé de cet esprit, un gouvernement se préserve et préserve la société de bien des dangers auxquels les exposent son pouvoir même et ses adversaires. Ils se tient en garde contre les entreprises brillantes, mais périlleuses, contre les séductions de l'égoïsme ou d'une fausse gloire. Avant de songer à son intérêt, il se considère comme le représentant et le défenseur des intérêts d'un peuple. Les Etats libres de l'Amérique du Nord se sont constitués si solidement parce que, dès l'origine, ils ont statué dans leur législation l'idée la plus élevée des devoirs de la société envers ses membres, du pouvoir envers toutes les classes de citoyens.

Représentant de sa nation, le prince n'en est pas le propriétaire; il ne s'empare pas plus légitimement des droits de son peuple que de ceux d'un autre Etat. Les défendre est un de ses offices; faire du bonheur et du libre développement des forces de ce peuple l'objet de ses soins, est son impérieux devoir.

Même devoir pour les souverains, pris collectivement, à l'égard des relations internationales. La paix, la guerre, les échanges, la police, la justice, sont pour les nations des choses communes, dont l'influence se fait sentir dans la destinée de chacune d'elles et de toutes ensemble, dans la marche des idées, des institutions, de la civilisation, par conséquent dans ce qui détermine la bonne ou la mauvaise éducation des peuples, leur bonheur ou leur malheur, la lenteur ou l'accélération des progrès du genre humain, sa tendance directe vers son but ou ses déviations. Une majesté plus haute que celle dont la splendeur éblouit les yeux de la multitude, s'imprime donc sur le front des monarques, alors qu'unis par les fonctions du pouvoir souverain, ils se glorifient d'être les organes de l'humanité, ses guides, et les instruments de son bonheur.

Pénétrés de cet esprit, dévoués à leur office propre et à leurs devoirs, les chefs des nations, pour réaliser la pensée du Créateur, encouragent et secondent par leur surveillance cette haute civilisation qui n'a de bornes que celles de la perfectibilité humaine. L'étendue de leurs droits et de leur puissance est proportionnée à l'étendue de leurs devoirs; mais ils se renferment avec respect dans les limites du droit, pour inspirer le respect du droit à leurs peuples. Ils se gardent de porter atteinte à leurs droits réciproques et à ceux des nations, pour ne pas troubler le développement paisible de l'humanité.

Éviter les guerres offensives ; protéger au sein de la paix la culture des arts, les inventions, les découvertes, les moyens de communication, tous les genres de perfectionnements; prévenir les révolutions violentes en secondant le mouvement naturel de la liberté : tel est l'objet de l'alliance véritablement sainte dans laquelle s'unissent les rois et les peuples doués d'intelligence et dociles aux exigences de la morale.

Ce sénat de rois que Cinéas vit dans Rome, cette royauté morale qui frappa de respect les conquérants gaulois, réapparaîtront à la tête du monde civilisé lorsque les dépositaires du pouvoir souverain reconnaîtront au-dessus de leurs droits et au-dessus d'eux-mêmes la loi souveraine du devoir; lorsqu'ils se considèreront, non comme le but de la société, mais comme les ouvriers de la Providence.

Si le bien général demande que les princes et les gouvernements ne méconnaissent pas ces devoirs envers leurs peuples et envers l'humanité, il demande également que peuples et citoyens ne méconnaissent pas chez les gouvernements et les princes, les devoirs que leur impose la conservation de la société. Tant que subsisteront les passions, il y aura des ennemis de l'ordre, des lois, de la société; ils exciteront des troubles

sans raison, ils tenteront de déranger les
rouages de l'organisation politique, ils élu-
deront ou contrecarreront l'action de l'autorité. De là naît pour les gouvernements, à
côté des devoirs directs envers les membres
de la société, le devoir de maintenir la société elle-même; de défendre l'organisation
de la vie nationale contre les caprices révolutionnaires et les agitations ambitieuses;
de protéger la constitution de l'Etat contre
les usurpations d'en bas, comme l'opinion
publique la protége contre les usurpations
d'en haut.

Le pouvoir légal a non-seulement le droit,
mais le devoir de se défendre comme pouvoir, comme nécessité sociale.

L'ordre de choses dont nous venons de
tracer l'esquisse, n'est pas imaginaire, ou
purement idéal. Si on le rencontre rarement dans les réalités de l'histoire, il n'y
est pourtant pas inconnu. Mais dans la longue éducation du genre humain, qui se dé-
roule d'après le plan de Dieu, les peuples,
au sortir de la barbarie, leur enfance, n'ar-

rivent qu'à travers la turbulence de la jeunesse à la fermeté calme de la virilité.

Si l'idéal social vers lequel nous devons tendre n'est pas encore réalisé, il n'en est pas moins susceptible de réalisation. Comparez non-seulement les diverses phases de chaque peuple civilisé, mais la civilisation générale des peuples dans la haute antiquité, dans l'antiquité plus rapprochée de notre ère, pendant le moyen âge et dans chacun des siècles qui l'ont suivi, et vous observerez la loi du progrès dans ces périodes successives. Vous l'observerez dans l'ensemble de la vie matérielle, des lumières, de l'ordre, des rapports internationaux; enfin, malgré les apparences et grace au stimulant des entraves, dans l'intelligence, l'amour et l'affermissement de la liberté.

D'où proviennent les plus essentiels de ces progrès? Du progrès des idées morales. Leur empire s'est étendu. Où une opinion publique a pu naître, le devoir s'associe de plus en plus au droit, et lui assure une autorité croissante.

Monarques et gouvernements républicains soumettront plus aisément leurs projets, leur conduite et l'usage de leurs droits à la règle du devoir, si l'*opinion publique* forme autour du principe du devoir une atmosphère morale, dont l'éducation et toute l'existence des princes et des magistrats s'imprègnent et s'alimentent. Car si les chefs tiennent dans leurs mains les ressorts de la vie sociale, à son tour la société, en adoptant, en élaborant des idées, constitue un règne invisible, dont les monarques mêmes subissent l'influence. Telle est la puissance d'une opinion publique marquée du sceau de la moralité, que les souverains absolus eux-mêmes jugent souvent plus sage de s'y soumettre que de la braver. Faites régner l'idée du devoir, et vous aurez consolidé sur son trône la souveraineté devant laquelle s'inclinent les peuples et les rois. Cette puissance est, en dernière analyse, la seule qui mette une borne aux envahissements et aux caprices de l'omnipotence, et contre laquelle se brise la tyrannie monarchique, oligarchique ou populaire[1].

[1] « Ce que je reproche le plus au gouvernement démocratique tel qu'on l'a organisé aux Etats-Unis, ce n'est pas, comme beaucoup de gens le prétendent en Europe, sa faiblesse, mais au contraire sa force irrésistible. Et ce qui me répugne le plus en Amérique, ce n'est pas l'extrême liberté qui y règne, c'est le peu de garanties qu'on y trouve contre la tyrannie. » (DE TOQUEVILLE, *de la Démocratie en Amérique*, T. II, chap. 7, § Tyrannie de la majorité.)

Souveraineté du peuple.

„ Eh quoi! " nous objecteront les théoriciens démocrates, „ admettez-vous dans la société un pouvoir au-dessus de la *souveraineté du peuple*[1] ? "

Oui, sans doute : la souveraineté du peuple ne dépasse pas le cercle de la politique sociale, et au-dessus de celle-ci, au sommet de la vie humaine, trône la loi morale, qui régit la volonté, l'âme, les nations. Examinez d'ailleurs si vous pouvez solidement fonder la souveraineté populaire sur une autre base que le devoir.

Pour l'établir à l'aide d'une théorie des droits, des écrivains se sont engagés dans des embarras métaphysiques, et par une

---

[1] Un démocrate de 1848 disait qu'il ne pouvait admettre Dieu, vu que ce serait reconnaître une puissance supérieure au peuple.

marche vacillante sont arrivés à des résultats erronés, souvent même funestes. Le germe de ces défauts se trouve dans le *Contrat social*, bible de la démocratie, dont l'influence s'est fait sentir chez ceux qui ont compris le livre de J.-J. Rousseau et chez ceux qui ne l'ont pas compris[1]. La véritable souveraineté du peuple, inhérente à tous les citoyens quelle que soit la forme politique de la société et indépendamment de toute question historique[2], se fonde sur le devoir, que la nature leur a imposé comme êtres sociables.

La nature, confidente de l'Auteur des choses, parlant à l'homme dans son cœur, lui a dit : „ Je t'ai donné l'empire de la terre ; „ l'intelligence et la raison sont ta cou- „ ronne et ton sceptre ; par elles tu t'élèveras „ au-dessus des créatures et tu te rappro-

---

[1] Voir la Théorie de LAMENNAIS, *Livre du peuple*, VII.

[2] La question des droits d'une souveraineté historique ou dynastique ne rentre pas dans notre sujet. Cette souveraineté n'est pas inconciliable avec la souveraineté du peuple telle que nous l'entendons. Le devoir et l'intérêt commandent aux dynasties de la concilier.

„ cheras de mon trône, à mesure que tu
„ étendras ta royauté, que tu perfectionne-
„ ras ton être. Si tu demeurais isolé, tu ram-
„ perais presque au niveau de ces animaux
„ à jamais renfermés dans un cercle étroit.
„ Les siècles passeront sur ces races sans
„ laisser de souvenir de leur passage ; pour
„ elles le temps n'est rien : elles n'ont ni passé
„ ni avenir, ni expérience ni prévoyance. Toi,
„ fils de l'éternité, marche avec le temps et
„ grandis ; je t'ai doué de perfectibilité : que
„ ton présent l'emporte sur ton passé, et
„ ton avenir sur le présent ! Mais tu ne peux
„ poursuivre cette carrière qu'uni avec tes
„ semblables. Hommes, associez vos forces,
„ votre intelligence, vos travaux, votre vie,
„ et marchez ensemble, par la voie du per-
„ fectionnement terrestre, vers la perfection
„ progressive du ciel. Que la société naisse !
„ La société ! elle est ma fille, elle est une
„ de mes pensées, une pensée de Dieu ; ne
„ l'oubliez pas. Par elle vous accomplirez
„ votre destinée. Veillez sur elle ; vouez-
„ lui votre tendresse et votre sollicitude ;
„ préservez-la d'égarement ; travaillez à son

„ progrès, pour qu'elle soutienne le vôtre.
„ Cette surveillance, je vous en fais un de-
„ voir : ce devoir sera dans l'association
„ terrestre votre premier, votre plus beau
„ titre, le plus sacré de vos droits, votre sou-
„ veraineté. En l'exerçant, souvenez-vous
„ que c'est un devoir. Que la raison et la
„ conscience soient vos conseillères; fermez
„ l'oreille à la voix de l'ambition et de l'or-
„ gueil. Avancez, ne vous précipitez pas;
„ perfectionnez, ne bouleversez pas. Si des
„ commotions deviennent inévitables, si les
„ flots des révolutions se soulèvent, que la
„ pensée divine demeure présente à votre
„ pensée, et que l'esprit de Dieu se meuve
„ sur les eaux. "

Socialisme et communisme.

Moins heureux encore que les révolutionnaires politiques, ces autres révolutionnaires qui, sous le nom de simples réformateurs, prétendent changer les bases de l'association humaine, ont beau éluder, dans des théories ingénieuses ou hardies, les conditions fondamentales de notre nature : ils ne peuvent ni les modifier, ni les abolir; ils ne peuvent pas davantage s'y soustraire en pratique. De quelque manière qu'ils retournent l'homme et le façonnent, ils rencontrent, bon gré mal gré, avant tout sa nature morale, ses devoirs, et, dans l'ordre purement social, à côté du droit qu'il possède, le droit auquel il est soumis. Tout système qui ne repose pas sur cette double base est un château en l'air, dont la chute ne se fait pas attendre. On n'a pas, en effet, attendu longtemps la déroute des sociétés qu'ont entrepris de construire Saint-Simon, Owen, ses disciples, et les Fouriéristes phalanstériens [1].

Aveu bien remarquable! Celui de ces réformateurs qui s'occupa de moraliser les établissements qu'il forma, mais sans les soumettre à une *obligation* morale, Robert Owen, voyant la désunion et l'égoïsme commencer à ruiner sa colonie de la *Nouvelle-Harmonie* (*New - Harmony*), et son expérience contredire sa théorie, reconnut „ qu'on échouerait toujours dans des réali- „ sations particulières, à moins d'avoir ré- „ formé la moralité générale, et qu'il valait „ mieux agir par voie de théorie sur toute „ l'humanité, que par voie de pratique sur „ de petits centres d'expérimentation [1]. “ Agir par voie de théorie sur l'humanité pour réformer la moralité générale, n'est-ce

---

[1] BAIRD, *De la Religion dans les Etats-Unis de l'Amérique*; trad. par L. BURNIER; II, 359. — J. SIMON, 281.

[2] *Louis* REYBAUD, *Etudes sur les Réformateurs ou Socialistes modernes;* T. 1 : Robert Owen; § III, fin.

pas précisément révéler aux hommes leur nature morale, leur faire connaître et remplir leurs devoirs, pour qu'ils apprécient et honorent jusque dans leurs conséquences ces droits inhérents à l'être sociable et sans lesquels la société n'a pas d'assiette?

Une expérience plus récente encore a présenté le même résultat. Dans la colonie d'Algérie, le maréchal Bugeaud avait abandonné des terres à des compagnies de socialistes. Aucune n'a réussi : toutes ont échoué, moins par la bizarrerie de leur organisation que par le vice fondamental de leur association, à laquelle manquait le ressort moral qui seul met en jeu la vie. Dans cette même colonie, des Trappistes ont formé sur un terrain défavorable, et à des conditions de travail rebutantes pour d'autres, un établissement en 1844, qui en 1853 était en pleine prospérité.

De ces diverses sociétés de colons, celle des Trappistes est la seule où domine l'idée du devoir, qui porte chacun à se dévouer à l'œuvre commune sans s'inquiéter du résultat. C'est un écrivain politique qui en fait l'observation [1].

Rendons hommage à l'ardeur sincère et au courage des réformateurs qu'a inspirés l'amour des hommes et le désir de soulager les souffrances des classes les plus nombreuses. Nul ne peut accuser leur cœur : leurs intentions étaient excellentes; mais ils se sont déplorablement trompés dans le choix des moyens. Pour avoir méconnu la base de toutes les spéculations sur l'homme, sa nature morale, ils ont logiquement déduit de leurs fausses prémisses des conséquences fausses.

Ils ont vu, comme nous le voyons tous, qu'un malaise profond tourmente la société de nos jours (ne parlons que de ce que nous avons sous les yeux). Des classes entières se plaignent, spontanément ou excitées. Une foule d'hommes cherchent leur place ailleurs que là où ils sont. La grande inégalité des conditions les irrite, plus encore l'inégalité des fortunes. Ils demandent s'ils

---

[1] *Moniteur* du 13 mai 1855.

n'ont pas aussi bien des droits à la richesse que ceux qui en possèdent tant; si la nature ne les a pas investis du même droit de jouir des agréments de la vie, puisqu'elle leur a donné les mêmes besoins et les mêmes désirs. D'un côté, de l'or accumulé, auquel s'ajoutent de nouveaux monceaux d'or; de l'autre, la misère ajoutée à la misère, la misère partout, la misère toujours.

Quel esprit sensible ne gémirait de tels contrastes ?

Beaucoup d'esprits non-seulement en gémissent, mais se révoltent. On sent même un esprit de révolte au fond de la société; il se fait, comme sous terre, un armement mystérieux pour une guerre intestine. Les penseurs socialistes, au contraire, ne s'arment pas : ils recommandent la paix, ils organisent le bonheur et le contentement universels.

Médecins bienveillants, mais aveugles, vous prétendez guérir les souffrances de la société, et vous prenez les symptômes pour la maladie; vous vous arrêtez à l'épiderme, et le germe du désordre est dans l'intérieur;

vous croyez qu'il s'agit d'un mal social, et le mal est foncièrement moral. On le découvre, non dans les régions inférieures seulement, mais dans les autres aussi, et avant tout dans les hautes régions ; il ne fait pas moins pousser des gémissements derrière les tentures de soie que sous les haillons. La contagion ne se renferme pas dans les parties du corps social qui se cachent, elle a gagné la tête et surtout le cœur.

Ce mal, c'est l'ardeur universelle de jouir, c'est l'emportement des passions sensuelles et la soif de l'or, c'est l'empire effréné de la chair révoltée contre l'esprit, c'est l'abnégation de la nature morale, l'ignorance, l'oubli ou même le mépris du devoir. Révolte, en effet, aux yeux de la saine philosophie de tous les siècles, aux yeux de l'antiquité païenne comme aux nôtres : *Animi imperio, corporis servitio magis utimur,* a-t-elle dit [1].

---

[1] « L'esprit est fait pour commander, le corps pour » obéir. » SALLUSTE, *Bell. Catil.,* c. I. — « En nous sont » deux êtres, l'animal et l'ange, et notre travail est de » combattre l'un pour que l'autre domine seul, jusqu'au

Et vous, régénérateurs socialistes, vous faites de cette révolte contre nature votre loi fondamentale ; vous bâtissez votre système de guérison sur la *réhabilitation de la chair*. Au nom des droits de la nature sensible ou sensuelle, vous exaltez la sensualité, vous irritez les passions charnelles.

De l'ivresse vers laquelle notre âge est entraîné, et que vous encouragez, naissent les fureurs des sens et les fureurs des spéculations, les orgies du cabaret et les orgies de la bourse, puis, des unes et des autres, la misère des familles et la misère de l'âme.

Votre remède c'est donc le principe de la maladie ; mais vous ne l'employez pas à la manière de l'inoculation ou de l'homéopathie, vous prenez le poison pour le principe vital. C'est pourquoi les sociétés que vous organisez meurent, et celles que vous désorganisez par vos doctrines languissent.

Le principe vital de la société procède de

» moment où, dégagé de son enveloppe pesante, il pren-
» dra son essor vers de meilleures et plus hautes ré-
» gions. » LAMENNAIS, *Livre du peuple*, XI.

la vie de l'âme; rendez l'âme saine, la santé du corps ne tardera pas à se rétablir. Réhabilitez l'esprit, et sous son empire la société sera plus calme, plus satisfaite, plus heureuse, moins affligée par la misère, que sous l'empire de la chair. Instruisez les hommes de leur noblesse morale; montrez-leur la grandeur et la puissance d'une volonté éclairée par la raison, inspirée par la conscience; apprenez-leur le devoir, — et vous leur ouvrirez dans toutes les positions la source de la satisfaction la plus pure que les mortels puissent goûter sur la terre.

Combien outragent et dégradent la nature humaine les théoriciens socialistes et communistes! Rebelles à la sainte royauté de la liberté, ils organisent le travail et la société comme un mécanisme, et réduisent les hommes aux fonctions de rouages à mouvements invariablement déterminés. Là, plus de mobile moral, mais une rotation; plus de dévouement, mais un engrenage; vous n'êtes plus citoyen, mais axe ou pignon; vous n'êtes plus homme, car vous n'êtes plus libre, vous n'avez plus de devoirs.

Ces esprits méditatifs, qui ont monté si ingénieusement la mécanique sociale, ont oublié d'y placer une partie peu apparente, mais utile pourtant : c'est le ressort ; un ressort qui n'imprime à la machine que des mouvements réguliers, un ressort qui ne s'use pas, mais fasse mouvoir la société d'après les lois inhérentes à la nature humaine, comme l'univers se meut suivant les lois inhérentes à ses éléments.

Au fond du cœur humain, et parmi les hommes réunis, vous ne trouverez qu'un ressort qui remplisse les conditions d'énergie et de durée : la liberté alliée au devoir Aussi, lorsque les socialistes ont voulu faire marcher leur société, il s'est trouvé qu'elle n'avait, comme le cheval de Roland, qu'un défaut : c'est qu'elle était morte.

Oh! que le grand mécanicien de l'univers a plus richement combiné la vie humaine et la société avec des éléments plus simples! Il a créé l'homme libre, capable de vouloir, et avec cette libre volonté il lui a tout donné : elle constitue sa nature morale, elle soumet ses propres manifestations au devoir, elle le place pour ainsi dire à l'entrée de la carrière. La liberté est le germe de la perfectibilité; elle nécessite donc l'existence sociale, qui, à son tour, nécessite le droit. Admettez la liberté, tout vit, tout marche; ôtez la liberté, tout s'arrête, tout tombe, tout meurt.

Ah! sans la liberté, que seraient donc nos âmes[1]?

Et quel ressort énergique Dieu a placé dans le cœur de l'homme! Tandis que l'imagination des rêveurs humanitaires ou des despotes, par un effort suprême, enferme la société dans un cercle de fer, lui impose pour uniforme la camisole de force, l'emprisonne dans une atmosphère d'ennui où les facultés du corps et de l'esprit s'alanguissent et la moralité s'endort, Dieu anime tout par le souffle de la liberté morale.

La liberté de l'homme est la santé de l'âme[2].

Par elle l'inégalité des hommes, principe

---

[1] VOLTAIRE, *Discours en vers sur l'homme*; Disc. Ier.
[2] *Ibid*.

de l'activité, de vertus, d'obligations réciproques, multiplie les industries, les ressources, les relations ; établit les échanges
d'offices et de bénéfices, de services et de
devoirs ; fait trouver leur emploi à toutes
les forces, leur place à toutes les diversités,
alimente les canaux des communications
sociales, et produit, au lieu d'une assoupis-
sante monotonie, une variété vivifiante et
féconde. Sous la sainte égalité de droits, la
sainte inégalité de fait, l'inégalité des forces,
des talents, des richesses, se fond dans l'harmonie générale, comme de la variété infinie
de la nature naît une sublime unité.

Telle est la société issue de l'organisme
moral de l'homme, la société que gouvernent
le devoir et le droit, et qui vit par la liberté.
C'est dans l'alliance de ces principes fondamentaux, et dans le respect dont on les entoure, que se rencontrent les vraies garanties du bonheur des familles et des peuples.
Nous ne les chercherons donc ni dans les
jouissances d'une servitude socialiste, ni
même dans les formes tant vantées du gou-

vernement : ces formes demeurent vides et
vaines tant qu'un esprit de justice et de moralité, le droit et le devoir, l'âme de la
grande politique, n'y font pas circuler la
chaleur vitale.

IV

PRIORITÉ DU DROIT OU DU DEVOIR.

Erreur assez générale.

Les deux idées objet de nos recherches nous sont apparues jusqu'à présent ensemble, se rapportant l'une à l'autre ou associant leur action. Si leur union est nécessaire, leur rôle diffère pourtant. Elles peuvent n'être pas nées dans l'esprit humain à la même heure. Dans l'histoire de l'âme, comme dans l'éducation de l'homme, du citoyen et de la société, la priorité appartient sans doute à l'une des deux. A laquelle ? — Cette question générale comprend les diverses questions particulières d'application.

Tout ce qui a précédé fait pressentir notre réponse.

Dans les formules et les livres qui associent les deux notions, on dit ordinairement : *le droit et le devoir* [1], et des philosophes d'une grande autorité placent, dans la science de l'homme moral, la théorie du droit avant la théorie de la morale [2].

Pour nous, nous adoptons l'ordre inverse, non pour la satisfaction d'innover dans une formule, mais par un motif tiré du fond des choses.

[1] Le Dictionnaire de l'Académie française, à l'article *Devoir*, cite comme exemple : *Traité des droits et des devoirs*. — M. GAUTHEY, cet ancien directeur si éminent de l'Ecole normale du Canton de Vaud, a publié un livre *Des droits et des devoirs des citoyens vaudois;* Lausanne 1840, in-8°. — M. LAMENNAIS a écrit dans le *Livre du peuple* (IV) : « L'ensemble des lois dont se compose l'ordre moral, est ce qu'on appelle droit et devoir. » Voyez aussi la citation à notre p. 22. — M. DE TOCQUEVILLE pourtant, dans un endroit de son livre *De la Démocratie en Amérique* (t. I, ch. 8), mentionne « *les devoirs et les droits* du gouvernement fédéral, *les devoirs et les droits* des gouvernements des Etats. »

[2] KANT, dans la *Métaphysique des mœurs*, consacre la première partie à la *doctrine du droit*, la seconde à la *doctrine de la vertu*.

Et qu'entendons-nous par cette priorité?
Non pas subordonner à tous égards un des
principes à l'autre, puisque chacun a son
domaine, mais assigner au premier des deux
sa place comme loi fondamentale de la vie
morale et sociale, et par conséquent de l'é-
ducation, comme idée régulatrice suprême
de l'homme individuel et de la société.

Il y a toute une révolution à faire dans
les habitudes intellectuelles et dans le système de conduite pour faire dire au commun des hommes : „ Mon devoir et mon
droit, " et aux éducateurs du peuple : „ Les
devoirs et les droits des citoyens. " La plupart nous diront : „ Avant tout le droit,
ensuite le devoir qui en découle [1], et dont
l'observation donne la vie au droit. " Non,
avant tout la loi première de la nature humaine, son organisation morale, l'essence

---

[1] LAMENNAIS, par exemple, dit dans le *Livre du peuple*, IV : « On doit mutuellement respecter le droit les
uns des autres, et *c'est là le commencement du devoir,
la justice.* » — « La charité, qui forme un seul corps
vivant des membres épars de l'humanité, est la consom-
mation *du devoir, dont la justice est le premier fonde-
ment.* »

vitale de l'âme[1]. Nous ne recherchons pas lequel des deux principes vaut le mieux, mais lequel des deux doit être le premier guide de la jeunesse et des citoyens dans l'intérêt de la société. Plus on les étudiera dans leur source et dans leur action délicate, mais appréciable, sur la marche et la liaison des idées, plus on se convaincra qu'il est conforme à la nature et important pour les résultats de placer à la base de la vie, et comme son ressort principal, ce qui est la base et le ressort de la morale, le devoir.

---

[1] « La distinction du bien et du mal est la vérité première de la morale. » COUSIN, *Du vrai*, etc. ; 14me leçon, p. 571. Voir aussi le commencement de la 15me leçon.

La grande maladie du siècle. — Remède dans la coordination rationnelle du droit et du devoir.

La grande maladie du siècle, l'égoïsme passionnément entraîné vers les plaisirs et la cupidité, n'a pas son remède dans la prééminence du droit. Le droit ne peut ni commander l'abnégation ou inspirer le dévouement, ni éteindre la soif des jouissances et de l'or. Souvent même l'égoïsme et la domination du plaisir, quand ils daignent se justifier, se fondent sur une exagération de certains droits de la nature humaine.

Le remède est dans l'amélioration des hommes rendus dociles au règne du devoir. Le droit lui-même n'exerce toute son influence que sur des esprits moralement prédisposés. Si vous voulez que la loi soit vivante, que le droit ne demeure pas une lettre morte, préparez d'avance le terrain où le droit et la loi enfoncent leurs racines et puisent leur sève. Que sont les lois pour l'homme dont la volonté n'a pas appris à se contenir et à se régler ? Combien de temps la Providence met à former, dans la vie de famille, l'enfant à la soumission au devoir, avant que son esprit s'ouvre à l'idée d'une loi sociale et à l'idée de son droit !

La conservation et l'entier développement d'un être organisé dépendent de la conformité de son mode d'existence avec la loi de sa nature. Or l'homme étant foncièrement un être moral qui trouve le principal organe de sa vie complète dans la société, plus l'individu et la société se conformeront à cette nature morale et reconnaîtront la suprématie de sa loi, plus aussi ils se rapprocheront de leur but et trouveront dans leur soumission au devoir leur sûreté et leur bonheur.

L'habitude de comparer ses devoirs et ses actions avec la loi morale, de prendre en chaque occasion conseil de son devoir, donne à l'esprit et à la volonté une rectitude, une sincérité, une délicatesse que l'on ne rencontre pas au même degré dans une autre sphère d'idées. Sous la souveraineté du devoir, les relations journalières, la vie de famille, le civisme, la politique, la diplomatie, se teindront, même dans l'exercice des droits, des reflets de la morale. Dépouillez le devoir de sa royauté, et le niveau de la société s'abaissera.

L'intelligence du droit sera plus vive et sa portée plus haute dans les esprits préparés par une volonté saine, par la connaissance et le respect du devoir. Un phénomène qu'on peut observer en grand et qui se répète chaque jour en détail, est concluant à cet égard : c'est l'introduction et l'influence du christianisme chez des peuples ignorants ou chez des gens simples et sans culture. Les îles du Grand-Océan, habitées par des populations naïves ; des contrées de notre vieux monde reculées sous tous les rapports ; dans nos villes et dans nos campagnes, de pauvres cabanes, demeures de l'ignorance, ont vu s'accomplir une étonnante transformation. Là, des âmes candides entendent un jour annoncer une nouvelle, la bonne nouvelle, l'Evangile. Elles portent leurs regards dans leur intérieur et reconnaissent leur misère morale, cause du malaise secret qu'elles ressentent. On leur en présente le remède. Leurs yeux s'éclairent; leur intelligence saisit rapidement leur destination, le but de la vie, les conditions du calme de la conscience et d'un bonheur sans mécompte. En peu de temps leur ingénuité a plus sûrement trouvé la solution du grand problème de notre existence que souvent les philosophes dont la méditation a creusé les joues et sillonné le front.

Eclairés d'une si vive lumière, ces humbles esprits ne tardent pas à voir dans leur vrai jour les diverses faces de l'humanité. Comprenant les rapports de l'homme avec Dieu, ils en comprennent mieux les rapports des hommes et de la société; le spectacle du monde ne les surprend plus, ne brouille plus leurs idées : ils connaissent les desseins de Dieu à l'égard de l'homme; tout est expliqué.

A considérer les choses dans un point de vue tout humain, il n'y a pas de livre qui ait avancé la culture intellectuelle des peuples aussi complétement, aussi rapidement que la Bible. L'Evangile, en nous ouvrant le chemin du ciel, est pour la terre le plus actif moyen de civilisation générale. C'est qu'il fait naître la chaleur et la lumière tout d'abord au foyer de la vie morale, au centre de l'être humain; de là elles rayonnent dans toutes les directions. La conscience et la raison s'éclairent et se réchauffent, l'entendement s'illumine; l'âme et la pensée s'élèvent jusqu'au pied du trône de Dieu, d'où elles contemplent l'ensemble et l'harmonie de nos destinées, les phénomènes et les intérêts du monde moral.

Oui, éclairez l'homme sur sa nature intime, sur ses besoins moraux et ses devoirs, et la société n'aura plus d'obscurités à ses yeux. — Une marche inverse ne conduit ni aussi sûrement ni aussi vite aux mêmes résultats.

L'idée générale et la science du droit, tout comme la notion des droits que l'on possède, occuperont à leur tour une plus haute place dans la sphère de l'humanité, si on les aborde avec une âme pour qui le devoir est un flambeau. En effet, en revendiquant la priorité pour le devoir, loin d'affaiblir le droit ou de l'abaisser d'un degré, nous le rehaussons et lui assurons une alliance qui le corrobore. Au lieu de l'enfermer dans le cercle de la loi et de le réduire à un emploi tout terrestre, nous l'associons au devoir comme un des moyens de civilisation et de perfectionnement, comme symbole et instrument de la pensée divine dans les développements de la sociabilité. Vainement la sociabilité honorerait notre nature, si le règne du droit ne protégeait l'ordre social dans l'intérêt de notre perfectionnement. De notre nature sociale et perfectible découlent ces prérogatives imprescriptibles qui portent avec raison le beau titre de *droits de l'homme*. Ces droits, condition de la société, assurent à la nature morale le sol et l'atmosphère où elle peut se déployer et grandir en liberté; ils conspirent avec le devoir à l'accomplissement des destinées de l'âme et des destinées de l'humanité. Leur caractère est sacré comme celui du devoir; comme le devoir, ils sont émanés de Dieu. Du même sceau sont marqués, et ces droits que le citoyen a l'obligation d'exercer pour le bien de la société, comme électeur, comme mandataire du peuple, comme magistrat, et ces autres droits, personnels ou réels, qu'il doit défendre pour maintenir l'intégrité de son existence ou de l'existence de sa famille.

La tâche morale de la société et de ses membres porte donc une empreinte si auguste, que le citoyen vertueux met en usage, lui aussi, les moyens civils et juridiques de la remplir : il fait valoir ses droits, auxquels le devoir donne un plus haut prix ; mais il les fait valoir sans turbulence, sans aigreur, avec conscience, avec calme, avec dévouement à l'œuvre humaine et sociale à laquelle la Providence l'appelle à coopérer.

Sous l'empire du devoir, le droit cesse d'être un instrument de l'égoïsme ou un levier pour démolir l'édifice social ; la pensée du droit, s'identifiant avec le but de la société, devient un mobile de la vertu civique. Noble alliance des deux grands appuis de l'humanité, du devoir et du droit, de la morale et de la justice, du perfectionnement de l'âme et du perfectionnement de la société, des deux pensées de Dieu qui se sont incarnées dans la création de l'homme! Noble alliance qui conduit l'homme par le chemin de la société, de progrès en progrès, au-devant de sa destinée immortelle! Puissance du devoir qui sanctifie le droit et régénère la société! Puissance du droit qui consolide la société en secondant le devoir par le règne de la justice!

Comme la conscience du droit soutient le courage d'accomplir le devoir! — Oui, le devoir est le guide et le flambeau de la vie humaine; éclairé par sa lumière, le droit connaît mieux sa propre noblesse, et tend à son but d'un esprit plus ferme et plus élevé.

Bonheur individuel et social.

Quelqu'un estimerait-il que dans cette longue déduction nous n'avons pas assez mis en saillie deux termes de la question proposée, *le* BIEN *des individus et le* BONHEUR *des peuples?*

Nous n'avons pas, il est vrai, fréquemment employé ces noms d'un double résultat auquel on doit tendre et où nous avons cru tendre nous-même; mais la froideur extérieure du raisonnement n'aurait-elle pas laissé percer un peu de cette émotion que fait éprouver la recherche du bonheur de l'homme et des nations? Le *bien des individus*, le libre emploi de leurs facultés, leur activité régulière et l'aisance dont elle est la source, l'harmonie des pensées et des désirs, le repos de la conscience, la santé de l'âme, garantie la plus constante de la

santé du corps; la considération, conséquence de la vertu et moyen d'influence;
l'amour mutuel, le dévouement affectueux,
les jouissances et la prospérité des *familles;*
le *bonheur des peuples* aussi, leur activité
pacifique et féconde, le jeu libre et harmo-
nique de toutes les forces, de tous les rouages; l'industrie, le commerce, les métiers,
les arts, les sciences, les lettres, florissant
sous la triple protection de la liberté, de la
justice et de la paix; la fraternité des peuples assurée par le respect de leurs intérêts
communs et par le règne des grandes lois
de l'humanité; sous l'étendard de la religion, puissante quand elle est libre, individus et peuples marchant ensemble dans
la voie ouverte à la perfectibilité, et ne né-
gligeant pas le sort des âmes immortelles:
tout cet idéal de félicité ne se réalisera que
lorsque citoyens, peuples, gouvernements,
monarques, sans permettre un divorce entre
les deux puissances qui doivent les régir,
s'inclineront devant l'autrité du droit et la
suprématie du devoir.

———o-∞-o———

V

L'ÉDUCATION.

—

Le moyen de rapprocher insensiblement la réalité de l'idéal, c'est l'*éducation de la jeunesse* et l'*éducation civique*.

La bonne ou la mauvaise éducation se fait par les idées vraies ou fausses, par les notions justes ou peu justes sur les rapports des choses et des hommes, et par les sentiments qu'on inspire. Que les idées capitales, et l'enchaînement de ces idées dans l'instruction des futurs citoyens, se conforment donc au but de la vie individuelle et de la société, et par là même ils aboutiront à l'avantage de l'une et de l'autre. Enseignez-leur les vues de la Providence sur le genre humain et les devoirs qu'elles imposent. Nourrissez leur intelligence de pensées graves et leur âme d'affections vertueuses. Elevez des hommes moraux, et vous verrez quels citoyens vous aurez élevés. Fondez dans les écoles le règne du devoir qu'on remplit et du droit qu'on respecte, et vous en verrez surgir l'honnêteté des citoyens, la moralité des gouvernements, la tranquillité, la prospérité, la considération du pays; allumez, au contraire, l'ardeur des jeunes gens pour l'exploitation des droits favorables à leurs intérêts, et vous peuplerez le pays d'égoïstes.

Le ressort de l'égoïsme agit incontestablement avec énergie; l'impulsion qu'il imprime porte les hommes à d'immenses efforts. Dans la carrière de l'intérêt, vous les verrez courir à l'envi, se devancer, se renverser les uns les autres, se relever, redoubler d'impétuosité, voler au but, et les plus heureux arriver à la fortune, aux places, aux honneurs, à la gloire, à tout, excepté à la grandeur, qui suppose la moralité, l'abnégation, ou du moins le dévouement à une idée généreuse [1].

Tel est le spectacle que présentent en France, par exemple, les carrières publiques et l'éducation nationale qui leur sert de préparation. Sous l'influence d'un climat tempéré et d'un mélange de races heureusement combiné par les événements, le peuple français, intelligent, spirituel, vif, et patient aussi, généreux, plein d'ardeur, apparaît sur la première ligne des peuples les mieux doués. Son défaut le plus universel, celui qui le caractérise et qu'avouent ses écrivains, c'est la vanité individuelle et nationale, l'admiration de soi-même ouvertement professée [2].

---

[1] « Il faut de nécessité commencer par être honnête homme pour avoir le droit d'aspirer à être un grand homme. » JULES SIMON, *Le Devoir*, p. 216.

[2] Se croire un personnage est fort commun en France ;
  On y fait l'homme d'importance ,
  Et l'on n'est souvent qu'un bourgeois.
  C'est proprement le mal françois :
La sotte vanité nous est particulière.
  LA FONTAINE, L. VIII, f. 15 : *Le Rat et l'Eléphant.*

Voilà *de nos Français l'ordinaire défaut :*
Dans la possession d'une bonne fortune

L'éducation publique aurait dû réprimer ce défaut; elle l'a décuplé. Sans souci du développement moral, de l'obéissance au devoir, adoptant pour principal mobile une émulation vaniteuse, elle enivre de lui-même le *moi*, et lui donne une prépondérance sans contrepoids. Dès les premières études, les distributions de prix sont accompagnées de fanfares, de croix et de couronnes. Le but avoué des études n'est pas de perfectionner ces jeunes âmes, de les préparer pour la destinée que Dieu leur

> Le secret est toujours ce qui les importune,
> *Et la vanité sotte a pour eux tant d'appas,*
> Qu'ils se pendraient plutôt que de ne causer pas.
>
> Molière, *Ecole des femmes;* Acte III, Scène 4.

J'ai entendu Andrieux dire dans un cours de littérature : « *On a tant de vanité dans notre pauvre pays,* que, de quelque manière que ce soit, on veut toujours se donner la supériorité ! »

« Tout devant être spectacle pour des Français, dit l'abbé de Montgaillard, et comme *on n'engage leur persuasion qu'en séduisant leur vanité,* l'inauguration des Etats-Généraux est calculée pour produire cet effet !....

» *Dans un pays où toutes les classes ne semblent vivre que pour la vanité,* on affecte de blesser la vanité du Tiers-Etat. »

> (*Hist. de France,* T. II, p. 5 et 6.)

assigne, mais de remporter des prix aux grands concours. Tous les efforts, efforts prodigieux, tendent à former les plus habiles pour le combat et la victoire. Le premier objet réel dans cette lutte, c'est l'amour-propre de chaque collége et de chaque pensionnat ; le second, l'amour-propre de chaque maître. Le moyen de les satisfaire, c'est l'amour-propre des élèves. Les mieux doués reçoivent des soins assidus aux dépens du gros des écoliers : on pousse au Capitole les futurs triomphateurs, la tourbe reste en arrière.

Arrivent les grands concours. Les trompettes de la renommée font sonner aux oreilles de la France les noms et les victoires. Colléges, pensionnats, professeurs, élèves, familles, les grands amours-propres sont satisfaits ; beaucoup d'amours-propres sont blessés. Et le pays ? — Il s'est enrichi de jeunes gens brillants par le savoir et le talent, d'une souplesse d'esprit et d'une ardeur à qui rien ne semble impossible. Qu'on flatte leur intérêt et leur vanité, qu'on leur promette des cordons, de l'argent, des places, et ils feront voir que nul pays ne possède des égoïstes plus distingués.

„ Dans quel but cultivez-vous les sciences ? " dit un jour naïvement un membre de l'Académie des sciences de Paris; „ évidemment pour l'argent ou pour l'honneur. " Qui, en effet, se soucierait de la recherche de la vérité pour la vérité, de la culture intellectuelle comme d'un devoir, de la propagation des lumières comme d'une mission reçue du ciel ?

Un pays riche en hommes de talents, à qui l'égalité constitutionnelle des droits ouvre toutes les carrières, n'est pas encore pour cela un pays heureux et tranquille. Si ces hommes bien doués, instruits, ardents, exploitent leurs droits en vue de leur intérêt, sans être retenus et dirigés par leurs devoirs, ils seront au service de qui satisfera le mieux les prétentions de leur égoïsme, tel ministère ou tel autre, une dynastie ou une autre dynastie, une opinion ou l'opinion contraire, un parti ou ses antagonistes, un parti ou la patrie, si l'on ose employer ce mot suranné.

Ces luttes coûteront cher au pays, qui n'en est souvent que le prétexte. Sur la scène politique apparaîtront des acteurs acharnés bien moins contre les systèmes que contre les personnes. Des combats se livreront, mais non pour le triomphe du bien général. Des orateurs déploieront une brillante éloquence, mais en vue de leur gloire, ou peut-être pour l'honneur d'un sous-amendement. A la guerre, combien les annales de l'histoire comptent de victoires compromises parce que le général avait dans son armée un rival plus dangereux que l'ennemi !

Dans ces débats, le droit n'a un rôle que par sa connexion avec l'intérêt. Ici, la question qui plane au-dessus des luttes est proprement celle de l'option entre l'intérêt et le devoir. Le devoir seul rend les citoyens d'un Etat capables de sacrifier leur intérêt à leur opinion, leur bien particulier au bien général, et leur gloire personnelle à l'honneur du pays ou de la société. L'intérêt produit la versatilité ; le devoir, la constance ; l'intérêt excite la discorde, le devoir cimente l'union. L'intérêt se plaît dans les agitations et les tumultes; le devoir, dans le mouvement régulier du progrès. Cependant les révolutions et les troubles qui se succèdent, le malaise qui subsiste en France depuis soixante ans, n'ont pas suffi pour éclairer sur la cause du mal des intelligences éminentes, mais captives dans le cercle magique des partis. De nos jours, des écrivains politiques dont le nom a de l'autorité, voulant assurer la stabilité des institutions, donnent à la société pour royauté l'intelligence et pour appui les intérêts; la moralité, le devoir, ils n'y songent pas. Ils recherchent quelle classe doit gouverner, aristocratie ou bourgeoisie, ne se doutant pas que le problème ainsi posé est lui-même une cause d'agitation [1].

A Dieu ne plaise que nous rabaissions le noble peuple de la France! Ce que nous éprouvons à la vue de dons si excellents et d'une éducation morale si négligée, c'est une douloureuse sympathie.

[1] Voir, dans la *Revue des Deux mondes* du 1er août 1855, un article de M. L. DE CARNÉ.

Puisse une régénération soumettre la nation à l'autorité du devoir, et allier la solide grandeur à la gloire !

« Homme, fais ton devoir ! c'est ta seule grandeur. »

dit un de ses poëtes [1]. A Dieu ne plaise que nous méconnaissions l'élite des écrivains, des hommes de science, des hommes d'Etat, des jurisconsultes, des ecclésiastiques, des instituteurs, organes de la raison, de la conscience et de la dignité humaine ! De nos jours, comme dans les âges précédents, leur exemple a été la protestation la plus éloquente contre le système que nous déplorons. Leurs écrits, leurs discours, leur vie, disent ce que pourrait être un pareil peuple, si, au lieu de l'enorgueillir de ses droits et de ses forces, l'éducation nationale faisait prédominer l'influence du devoir et de la morale. Oui, l'honneur vrai, les pensées généreuses, les maximes pures, ont toujours trouvé un asile dans de nobles cœurs : les hommes ont beau démolir et gâter, ils ne

[1] M. DE FONTANES, traduction de l'*Essai sur l'homme* de POPE.

parviennent pas à ruiner entièrement l'œuvre de Dieu.

Et qu'on ne pense pas qu'un peuple soumis à l'autorité du devoir et dont on ne stimule pas l'amour-propre, néglige ses intérêts et s'éteigne dans une contemplation ascétique. Le devoir est un principe d'activité, mais d'activité bien disciplinée.

De tous les pays du monde le plus actif et le plus tranquille, le plus prospère et le moins gouverné, le plus libre, en un mot, est celui où l'*éducation morale et civique* est le plus développée, où l'on éclaire le mieux les citoyens sur leurs devoirs et sur leurs droits : l'Amérique septentrionale.

Tous les Etats de l'Union ne ressemblent pas encore à ceux qui leur servent de type. En général, les institutions scientifiques sont inférieures à celles de l'Europe; rien qui se compare à ses universités. Cette confédération républicaine attache moins de prix à former des savants que des hommes pratiques et moraux, des citoyens éclairés et honnêtes; mais elle voue la plus grande sollicitude à l'instruction ainsi comprise.

Dès le principe, la loi créa des écoles dans toutes les communes, et obligea les habitants, sous peine de fortes amendes, à s'imposer pour les soutenir. Elles statua des amendes contre les parents qui n'enverraient pas leurs enfants dans les écoles, et chargea des magistrats de veiller à l'observation de ce devoir. La loi fonda de même des écoles supérieures dans les districts populeux. Et cette législation prenait pour point de départ le point de vue religieux. « Je ne connais point de peuple, dit M. de Toqueville, qui soit parvenu à établir des écoles aussi nombreuses et aussi efficaces, des temples plus en rapport avec les besoins religieux des habitants [1]. »

L'éducation aux Etats-Unis entoure l'enfant de sollicitude, conduit le jeune homme vers sa carrière, accompagne l'homme au sein du travail ou des offices publics, et ne l'abandonne pas même à l'âge du recueillement. Aux yeux des plus éclairés de ces républicains, la société est une école pour

[1] T. I, chap. 4.

le temps et pour l'éternité, et l'éducation une tâche qui ne finit qu'avec la vie.

Pour prévenir les dangers de l'oisiveté, et pour neutraliser les poisons moraux qui attaquent le principe vital du cœur, et, par conséquent, de la société, l'on prend soin aux Etats-Unis de l'instruction des jeunes gens et des hommes occupés de travaux tout matériels, on les prémunit contre les séductions de l'erreur et on les préserve des dangers de l'ignorance, qui envahit les esprits inoccupés, comme l'ivraie les champs en friche. Au sortir des écoles primaires, les jeunes ouvriers trouvent les écoles du dimanche, où „ quinze cents maîtres volontaires apprennent à quinze cent mille élèves *leurs devoirs* comme chrétiens et comme citoyens [1]. "

La *presse* seconde et continue cet enseignement. Franklin donna l'exemple. Rédigeant à Philadelphie la *Gazette de Pensylvanie*, il profitait de la place que laissaient

---

[1] M. Edouard Laboulaye, *Journal des Débats* du 6 octobre 1855.

les nouvelles et la politique, pour semer dans le pays des instructions morales. A côté des journaux politiques, qui excitent les passions du peuple par leur violence et abaissent son esprit par leur rudesse, des amis plus sages de ce peuple l'éclairent, le calment et lui communiquent de nobles idées, dans un langage avoué par la raison et le bon goût. De petits écrits, des livres populaires, répandus par centaines de mille, portent l'instruction et les principes de la morale dans les ateliers et dans les plus humbles demeures. On prévient par ce moyen beaucoup d'habitudes vicieuses, et l'on arrête la contagion des idées corruptrices. Le peuple, mieux éclairé sur ses droits et sur ses devoirs, apprend à les aimer, à mieux user des uns, à mieux remplir les autres. Nouvelle lance d'Achille, la presse guérit les blessures qu'elle fait.

La *parole parlée*, en qui se résume l'homme entier, la parole, cette puissance maîtresse des hommes réunis, concourt avec la parole écrite à l'instruction nationale. Des citoyens instruits et entourés de considération, dans ce nombre de hauts fonctionnaires, M. Horace Mann, à Boston, „ le classique Everett, " secrétaire d'Etat, réunissent leurs concitoyens en assemblées et leur adressent des discours instructifs, dans le but d'étendre leurs connaissances, de les éclairer sur leurs devoirs et de fortifier leur moralité [1].

La vertu et les lumières, source de l'amour de la liberté et de l'amour de la patrie, forment le fond de cet enseignement oral que les Américains du Nord ne se lassent pas de suivre dans ses applications variées. Il n'est pas sur la terre de nation plus convaincue que la liberté du peuple et la prospérité de l'Etat reposent sur une base morale, sur la connaissance et l'amour du devoir, et sur l'accord du droit avec le devoir.

Cette base, les Américains, dès l'origine, l'ont trouvée dans la *religion*, qui les a conduits au delà des mers et les a faits grandir

[1] *Orations and Speeches by Edward Everett*. Boston, 1850; 2 vol. in-8°.

et s'affermir dans leur nouvelle patrie. Ce n'est pas à une moralité vague qu'ils s'attachent, ce n'est pas à des idées philosophiquement abstraites : ils sont chrétiens ; leur doctrine est positive. Aujourd'hui encore, le pionnier qui va défricher quelque coin d'une forêt vierge emporte sa Bible avec sa hache. C'est elle qui donne au démocrate américain la physionomie sérieuse, la tenue morale, l'attitude ferme qui le font reconnaître. Elle est le ressort de toute l'éducation. Dans les Etats-Unis on ne connaît pas de plus solide appui de la liberté que la religion. Même depuis que l'instruction nationale est moins théologique, elle s'est détachée de l'Eglise sans lui devenir hostile.

„ A mesure que la civilisation s'est répandue, " dit le publiciste français déjà cité [1], „ que les arts ont pris une part considérable dans la vie des peuples, que la société elle-même est devenue laïque, l'éducation

[1] Ci-dessus, p. 152, note 1.

s'est détachée de la religion, non pas pour se mettre en opposition avec elle, mais au contraire pour la seconder par des moyens nouveaux. C'est à ces deux sœurs, la religion et l'éducation, qu'a été remise la garde de la liberté; ce sont deux pivots sur lesquels porte l'Amérique. Personne n'en doute là-bas : point de liberté possible sans religion et sans éducation; c'est le premier axiome de la politique. On sait quelle part nous avons faite à ces deux puissances dans tous nos essais de gouvernements. "

„ En Amérique, " dit M. de Toqueville, „ c'est la religion qui mène aux lumières, c'est l'observance des lois divines qui conduit l'homme à la liberté.... On y est parvenu à incorporer en quelque sorte l'un dans l'autre et à combiner merveilleusement l'esprit de religion et l'esprit de liberté.... La liberté voit dans la religion la compagne de ses luttes et de ses triomphes, le berceau de son enfance, la source divine de ses droits; elle considère la religion comme la sauvegarde des mœurs, les mœurs comme la garantie des lois et le gage de leur propre durée [1]. "

„ Les Américains confondent si complétement dans leur esprit le christianisme et la liberté, qu'il est presque impossible de leur faire concevoir l'un sans l'autre ; et ce n'est point chez eux une de ces croyances stériles que le passé lègue au présent, et qui semble moins vivre que végéter au fond de l'âme. "

„ La religion, " ajoute le même observateur, „ est beaucoup plus nécessaire dans la république, qu'ils préconisent, que dans la monarchie, qu'ils attaquent, et dans les républiques démocratiques que dans toutes les autres. Comment la société pourrait-elle manquer de périr si, tandis que le lien politique se relâche, le lien moral ne se resserrait pas ? et que faire d'un peuple maître de lui-même, s'il n'est pas soumis à Dieu ? [1] "

[1] T. I, chap. 2. — Sur l'incrédulité aux Etats-Unis voyez BAIRD, *De la Religion aux Etats-Unis d'Amérique,* trad. par L. BURNIER ; Paris, 1844 (T. II, l. VII, ch. 9).

[1] T. II, ch. 9. — Ecoutons à son tour le penseur qui

Le respect des droits et l'observation des devoirs sont les conséquences morales de cette éducation religieuse. Et quel en est le résultat politique? Le voici. Depuis que la révolution française a donné le branle à l'Europe, depuis plus de soixante ans, des mouvements révolutionnaires se sont succédé dans un grand nombre d'Etats; la crainte de convulsions nouvelles les agite, leur impose d'énormes sacrifices, enchaîne une partie de leurs forces, au détriment du bien des familles et du bonheur des peuples. Au delà de l'Océan aussi, un esprit révolutionnaire égoïste, immoral, a converti en

a traité *de la Démocratie en Suisse*, M. A. CHERBULIEZ : « Il est un point sur lequel l'opinion se forme et se prononce plus hautement de jour en jour : c'est que l'instruction primaire est plutôt nuisible qu'utile lorsqu'elle se borne à donner aux enfants du peuple des connaissances instrumentales, sans y ajouter des directions suffisantes sur l'usage qu'ils doivent en faire. Mais ces directions ne peuvent se trouver que dans les idées morales et religieuses, et, pour que ces idées soient efficaces, il faut que leur enseignement absorbe les facultés de la jeunesse, qu'il laisse dans son cœur de profondes impressions, dans son esprit des traces ineffaçables. » (T. II, p. 524.) Tout ce chapitre de l'*Education populaire* (L. V, ch. 5) mérite d'être médité par les législateurs et les gouvernements.

champs de bataille et en théâtre de désolation les riches contrées du Mexique et les plaines fertiles où les républiques de l'Amérique méridionale déchirent leur propre sein. Un état seul est demeuré paisible pendant ces tourmentes, inébranlable sur le sol de la justice et de la morale, passionné de la liberté, mais respectant la liberté : c'est la confédération républicaine des Etats-Unis. La première pourtant elle arbora l'étendard de la révolte, mais sur cet étendard brillait le signe de la croix [1].

---

[1] La nature humaine obéit partout aux mêmes lois. L'enseignement que vient de nous donner la plus grande des républiques, nous le recevons également de l'expérience de l'une des plus petites, de la moitié d'un des cantons alpestres de la Suisse, d'Appenzell-Extérieur, Etat organisé de nos jours encore à l'instar de la famille. Dans les écoles publiques, dans l'école agricole des pauvres, un seul ressort imprime le mouvement, c'est le devoir fondé sur les rapports de l'homme avec Dieu ; et ce mobile devient celui de la vie entière. Le droit est en honneur au sein de cette population, moins par contrainte que par conscience ; l'administration judiciaire est paternelle ; les délits sont moins communs qu'ailleurs ; la tranquillité publique a résisté à la contagion révolutionnaire ; l'activité industrielle et commerciale est telle, que les tissus manufacturés dans les villages appenzellois traversent l'Océan et servent à vêtir des populations américaines. Et quel dévoûement à la chose publique dans ce petit

A côté de ce phénomène imposant, observons-en un autre qui nous conduit aux mêmes conclusions. De tous les Etats monarchiques de l'Europe, l'Angleterre est le plus libre, et, depuis que sa grande révolution constitutionnelle est accomplie, le moins travaillé ou menacé par l'esprit révolutionnaire. Ce pays, dont les institutions sont si fortement assises, est pourtant, de tous les pays où l'on se meut, celui où le peuple a le plus de liberté de mouvement et se remue le plus. La cause de cette tranquillité animée est toute morale. Dans aucun autre royaume, citoyens, gouverne-

Etat ! quels effets de la liberté et de la bonne volonté ! L'impôt proportionnel, si difficile à établir par le droit et la loi, existe là sans difficulté, sous forme de contribution volontaire, patente, parce que l'opinion, d'accord avec la vertu civique, subordonne l'intérêt personnel au devoir envers la chose publique.

Ce fut de même le mobile de l'éducation dans cet institut de Hofwyl où de Fellenberg attira des élèves de tout rang et de toute nation. Aussi vit-on sortir de ses écoles, pour exercer dans les deux mondes les plus hautes fonctions sociales, ou pour se rendre utiles dans des positions moins éminentes, des hommes qui, au service de leur pays, se sont rendus essentiellement recommandables par leur moralité.

ment, monarque, n'acquièrent, dès le jeune âge et par suite de l'éducation générale, une connaissance plus précise et plus respectueuse de l'étendue et des bornes de leurs propres droits et des droits de tous. La couronne se garde de violer ceux du plus humble créancier, de l'artisan le plus chétif.

Un respect si scrupuleux se lie à quelque sentiment moral. Sans fermer les yeux sur les lacunes de l'instruction publique, sur le mal qui règne dans la Grande-Bretagne, sur les mœurs déplorables de certaines classes, on y observe, dans l'éducation de la jeunesse et dans les habitudes de l'âge mûr, moins de frivolité, de manque de conscience, à l'égard des liens de famille par exemple, que chez d'autres peuples qui se vantent de leur civilisation; de même, en dépit de la brigue électorale, à l'égard de la vénalité.

Les idées religieuses aussi (nous ne parlons que des convictions et de la sincérité) exercent en Angleterre, dès l'enfance, un empire bien autrement fort sur l'âme et la conduite, que dans les Etats qui n'admettent pas la même liberté de religion et de culte.

Cet esprit de justice et de moralité explique aussi la prospérité des colonies anglaises, et forme un des principaux éléments de ce talent de colonisation qu'on reconnaît aux Anglais, à l'exclusion des nations qui se hâtent d'importer dans les pays qu'elles soumettent le despotisme ou l'immoralité, double outrage au droit et au devoir.

L'éducation morale de la jeunesse se continue dans la société civile, par les actes et la tendance du gouvernement. Si les magistrats ne sont pas de simples légistes, s'il ne croient pas la sagesse gouvernementale confinée dans les formules et les décisions de la jurisprudence, s'ils se considèrent comme les protecteurs des droits de la nature morale, cet esprit respirera dans leurs paroles, dans leurs actes officiels, dans leurs allocutions et leurs proclamations, et imprimera son sceau même aux lois.

Heureux le pays où l'Etat est une école! Le gouvernement, en exerçant les droits de la souveraineté, songe à remplir un saint devoir. Le mot d'*âmes* ne désigne pas seulement dans sa pensée le chiffre de la population, mais ces êtres perfectibles et immortels dont le sort dépend, à bien des égards, de sa sollicitude ou de son indifférence : il sait que le souverain aussi a charge d'âmes. La législation, les soins administratifs, la justice, le maintien de l'ordre, tout conspire à ne pas réprimer seulement le mal et protéger le droit, mais à former les hommes au bien, en les conduisant et les dirigeant dans la voie du devoir.

Résumons le résultat de nos idées sur l'éducation rapprochée des révolutions sociales.

Les régénérateurs de l'éducation nationale sèmeront dans le champ de l'avenir les germes d'une profonde et pacifique *révolution*. Les révolutions dont l'histoire a conservé la mémoire, quand elles n'ont pas été simplement la fin de la lutte de deux forces matérielles, les révolutions intelligentes, ont eu jusqu'à ce jour pour objet la répression des empiétements sur des droits reconnus ou la conquête de droits nouveaux. Et toujours on a recommencé la lutte, et toujours on a marché d'empiétements en répressions. Le droit, au nom duquel on a soutenu la guerre faite aux passions, ne les corrige pas, ne les détermine pas à se soumettre au sceptre d'une volonté morale. Faire régner au-dessus de tout, chez les peuples et les gouvernements, l'idée du devoir, c'est affaiblir peu à peu les causes des révolutions et atténuer ces crises par des remèdes moins violents et plus efficaces [1].

Les enfants se battent, les jeunes hommes vigoureux combattent, les hommes in-

[1] « Voici à quels symptômes vous reconnaîtrez que la décadence d'un peuple est profonde : c'est quand le hasard des révolutions changera vingt fois en un quart de siècle le système d'éducation, sans lasser la patience et la docilité des pères de famille.

» On dit : « J'ai mis mon fils en état de faire son chemin » dans le monde; » il faudrait pouvoir dire : « Je l'ai » préparé à faire son devoir dans le monde. » Si nous étions sincères dans nos lamentations sur l'abaissement des esprits et des caractères, nous verrait-on traiter l'éducation de nos fils comme une *affaire,* et compter pour perdu le temps qu'ils ne passent pas à se préparer à un métier? » JULES SIMON, *Le Devoir,* p. 471.

tellectuels débattent. Ces trois âges sont ceux de l'humanité, en attendant l'âge d'une perfection relative et de l'harmonie.

L'Europe civilisée semble passer insensiblement du second au troisième. Pour avancer sa maturité, pour amortir les combats, pour assurer la victoire à la force spirituelle, instruisez de leurs devoirs hommes, peuples et rois; proclamez la suprématie du devoir dans ce domaine de la société, où trop souvent on revendique pour le droit un empire exclusif. Ainsi, à l'ère des révolutions véhémentes qui attaquent les abus et en détruisent quelques-uns, le monde, quand il en sera temps, verra succéder une grande révolution, plus ferme, moins emportée, qui, au nom du devoir, créera un ordre social plus moral sur le sol que les révolutions entreprises au nom du droit auront déblayé.

VI

L'AVENIR DE LA SOCIÉTÉ.

—

Une œuvre capitale en vue de l'*avenir de la société* attend donc le concours et le dévouement des hommes que leur office et leur talent appellent à exercer de l'influence. Remplacer la finesse politique par une énergique loyauté, faire du devoir le milieu dans lequel la vie des familles et des peuples s'épure, où le droit s'affermit et grandit, c'est là, pour les hautes positions et les prééminences intellectuelles, un devoir à remplir. Le devoir protégeant le droit par la plus sûre des garanties, celle des volontés et de la conscience, et prévenant ou terminant la guerre, appartient à cette période future de la civilisation où, en religion, l'esprit évangélique, dominant au-dessus des confessions, les réunira dans la charité et dans une harmonie d'aspirations pures.

Ère fortunée, qui remplacera celle de l'antagonisme, où la liberté religieuse combat les usurpations de l'autorité avec l'amertume d'une protestation, comme en politique on proteste, et souvent avec violence, contre les abus de la souveraineté. Honneur aux associations qui pressentent, appellent et préparent cet avenir!

Question de la république.

Il est des esprits ardents, il est des esprits généreux, qui ne sauraient concevoir l'idéal de l'avenir que sous la forme de la *république*. Nous avons vu de nos jours entreprendre, en ce nom, de vastes démolitions, en attendant l'édifice que la liberté doit construire et qu'elle doit habiter avec la paix et la félicité. Loin de nous la velléité de renoncer au calme de la philosophie pour les palpitations de la politique : nous ne discutons ici que les lois de l'âme.

Au point de départ des tentatives républicaines faites de nos jours, nous n'avons pu découvrir ni hommage rendu au devoir, ni même l'idée du devoir. Les droits du peuple, la liberté, ce droit primordial, la république, la démocratie, voilà les noms qui ont retenti. Du devoir, nulles nouvelles.

La morale, on la déclare étrangère à la politique. On a même vu souvent des gens, se ralliant sous l'étendard arboré, sans sollicitude pour l'avenir de la société, poursuivre les jouissances présentes et entendre par la liberté le plaisir, par la république le partage. Nous dirons aux hommes sincères : „ Si vous voulez la république, moins de forme qu'en réalité, le respect des droits de tous et la domination de l'intérêt général, la liberté par une charte consentie et non octroyée, cette république qui, suivant les circonstances, peut avoir à sa tête, dans l'intérêt de sa stabilité, une royauté héréditaire, enseignez aux citoyens leurs devoirs, inspirez-leur l'amour du devoir, et donnez-en vous-même l'exemple.

Que si vous croyez la perfection sociale à venir attachée à la forme de la république démocratique, l'appui moral sera bien plus nécessaire encore à l'Etat que vous imaginez. Ne pouvant opposer aux emportements de la liberté le contrepoids du pouvoir monarchique, vous ne la retiendrez dans les limites du droit que par l'empire du devoir sur les volontés[1]. Lui seul met un frein aux caprices de la démocratie, destructifs du bien de la société ; lui seul arrête la jalousie populaire et l'envie qui s'attaque à toutes les supériorités ; lui seul modère la mobilité de la multitude, humilie ses flatteurs, et empêche ce relâchement de la morale politique qui, faisant disparaître les grands caractères, abaisse le niveau intellectuel et moral d'un peuple[1]. «

Vers l'avenir se dirigent les pensées des âmes qui, cherchant des remèdes aux souffrances du temps présent, s'abandonnent, moins pour elles-mêmes que pour l'humanité, à des rêves de perfection et de bonheur. Sur le terrain vaste et libre de l'avenir l'imagination construit des édifices humanitaires. Mais, au lieu de nous livrer à des rêves, livrons-nous au travail, et préparons les perfectionnements sociaux par l'amélio-

---

[1] Voir tout le chapitre de l'*Esprit des lois* sur le *Principe de la démocratie ;* Livre III, chap. 3.

[2] Voir DE TOCQUEVILLE, *De la démocratie en Amérique,* t. II, chap. 5, les premiers paragraphes, et t. I, ch. 8, § *De la réélection du Président.*

ration des hommes. L'avenir promet de grandes choses, et il tiendra sa parole [1]. Pour vous en convaincre, considérez dans votre passé, autour de vous aussi, combien se sont réalisées de promesses faites par le temps actuel alors qu'il était encore l'avenir. Si trop souvent, à la suite d'une vie laborieuse, quelque vieillard fatigué, supputant le compte de ses jours, croit trouver plus de déceptions que d'espérances justifiées, il se trompe malgré l'exactitude apparente des chiffres. Le total ne résulte pas

[1] « Je ne puis me représenter l'état actuel de l'humanité comme son état permanent, son dernier terme et sa destination définitive. Car alors tout ne serait que songe et qu'illusion ; il ne vaudrait pas la peine d'avoir vécu et d'avoir pris part à ce jeu insignifiant qui recommence toujours et n'aboutit pas. Cet état n'acquiert du prix à mes yeux que si je puis le considérer comme préparation à un état meilleur, comme passage à une existence plus haute et plus parfaite ; ce n'est point pour lui-même, mais pour la perfection à laquelle il conduit, que je puis le supporter, l'estimer et lui payer avec plaisir le tribut de mon dévouement. Mon âme ne trouve dans l'état présent ni sa place ni un instant de repos : elle se sent continuellement repoussée par ce qui l'entoure et irrésistiblement entraînée ailleurs. Tout ce qui vit en moi s'élance au devant d'un meilleur avenir. » FICHTE, *La destination de l'homme* (die Bestimmung des Menschen. 2te Aufl., S. 168, 169).

du nombre des plus et des moins, mais de leur valeur. Si l'imagination se frappe d'une multitude de déceptions de détail, au jugement de la raison une grande promesse accomplie dépasse même la simple compensation. Quels que soient les chiffres favorables ou défavorables, le résultat d'une vie remplie de travail est un gain ajouté à l'avoir de l'humanité. Le vieillard qui, songeant au genre humain, se meurt sans espérance, a fait quelque erreur de calcul. L'âge affaiblit ses yeux; il ne voit point, assise à ses côtés au bord de la tombe, la Foi et la Charité, filles de Dieu, compagnes des mortels pendant leur pélerinage et leurs guides vers l'avenir qui les attend sur la terre et dans le ciel. Jeunes gens, faites votre devoir et laissez faire à Dieu; soumis au devoir, vous espérerez sans égoïsme pendant le jeune âge, et, vieillards, vous espérerez pour la grande famille de cette espérance qui ne confond point.

Etat futur de perfection sociale. — Règne progressif du christianisme.

La prévision des effets naturels des lois que Dieu a données à l'esprit de l'homme et à la société, le déploiement de leur conséquences lointaines, autorisent la philosophie politique à croire à un état final de perfection morale et sociale [1]. — Mais à quand cet idéal de la société ? — Déjà de l'impatience ! le désir de jouir soi-même se mêle donc aux espérances des

---

[1] « L'ordre de choses naturel et immuable qui fait naître chaque homme dans une famille et au sein d'un peuple ne renferme en lui-même ni le principe de sa puissance ni son but final. Il est subordonné à un système supérieur qui domine chaque Etat et tous les Etats ensemble. Nous croyons à une grande et commune œuvre de l'humanité, dont la vie des divers Etats forme les préliminaires ; nous croyons à un état de perfection même extérieure, que les choses humaines atteindront dans la dernière période de l'histoire. » F. C. DAHLMANN, *Die Politik*, Ier Theil, Einleitung. § 8.

plus belles âmes. Sur cette longue route de la race des mortels, chacun, trempant ses sentiments et sa volonté aux sources de la sagesse religieuse et usant du droit d'accomplir ses devoirs, peut anticiper pour soi et pour sa famille cet avenir de félicité. Mais pour la grande famille, à quel titre tant d'impatience ? Une incalculable série de siècles et bien des révolutions ont été nécessaires à la formation successive du globe de la terre où la future humanité devait se déployer. En concevant le poème de l'univers, le Créateur aurait-il donné plus de temps et de soin à la construction du théâtre qu'au drame de l'esprit humain ? L'imagination se précipite vers le dénouement, et nous n'en sommes qu'au second acte, commencé avec l'avénement du christianisme. Nés d'avant-hier, c'est hier que nous avons vu apparaître sur la terre la religion du Christ, éternelle pensée de Dieu. Elle doit, d'un reflet du ciel, éclairer la terre, et rapprocher la terre du ciel en la sanctifiant ; elle doit apprendre à toutes les nations la consécration de leurs droits et l'accomplissement de leurs devoirs, et cette œuvre est à peine commencée.

Dévoués au bien des individus et au bonheur des peuples, certains penseurs demandent au christianisme ce qu'il n'a pas vocation de donner, ce qu'il n'a jamais promis; puis, déçus dans leur attente, ils le déclarent une institution qui a fait son temps et qu'il faut remplacer par quelque chose de mieux.

Ils lui demandent une organisation sociale qui satisfasse aux besoins du présent et de l'avenir [1]. Mais son œuvre est de répandre dans les âmes, et par elles dans la société et dans les institutions, un principe vital, et non de prescrire des formes; il les accepte toutes, et dans toutes il fait vivre et agir son esprit, quand une fois l'intelligence l'a compris et que le cœur l'a reçu. „ Les principes du christianisme, " dit Montesquieu, „ bien gravés dans le cœur, seraient infiniment plus forts que ce faux honneur des monarchies, ces vertus hu-

---

[1] *Le Globe* de 1850 et 1851, *passim*.

maines des républiques, et cette crainte servile des Etats despotiques [1]. «

Le christianisme est usé, s'il faut en croire des penseurs plus récents. Mais voyez combien de siècles il lui a fallu pour approcher de la société et pour allier son nom aux institutions publiques, combien pour y infiltrer un peu de sa pure essence! Connaissez-vous, dans notre vieux monde, beaucoup de sociétés fondées sur les principes du christianisme? Et là où le règne de son nom est institué, où l'Eglise étale ses pompes ou bien exerce une autorité plus austère, se rencontre-t-il souvent que son divin souffle anime le corps social et ses chefs? Dans les annales de l'histoire apparaissent par longues séries des majestés sacrées, des rois catholiques, des rois très fidèles, des rois très chrétiens, mais peu de rois chrétiens.

Les insectes éphémères rapportent tout à la mesure de leur vie, qui est d'un jour. Esprits immortels, osez concevoir des espé-

---

[1] *L'Esprit des lois,* L. XXIV, chap. 6.

rances immortelles. Accordez à la Providence la suite de siècles qu'elle demande pour dérouler ses plans et accomplir son œuvre, et les générations futures verront l'esprit du christianisme planant entre le ciel et la terre, comme l'ange de l'Apocalypse qui porte l'Evangile éternel, puis, pénétrant dans les cœurs, dans les veines de la société, dans ses fibres et ses organes, étendre progressivement ce règne de moralité, de justice et d'harmonie, où les citoyens révèreront le caractère divin du droit parce qu'ils fléchiront les genoux devant l'autel qui porte le code de leurs devoirs.

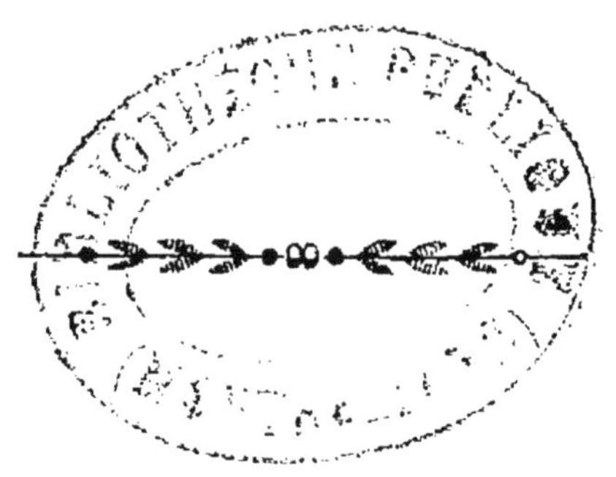

TABLE DES MATIÈRES.